改訂版

賀川豊彦伝

貧しい人のために闘った生涯

三久忠志

Mikyu Tadashi

文芸社

本書は二〇一五年に教育出版センターより出版した『賀川豊彦伝　貧しい人のために闘った生涯　互助・友愛の社会を実現』に加筆・修正を加えたものです。

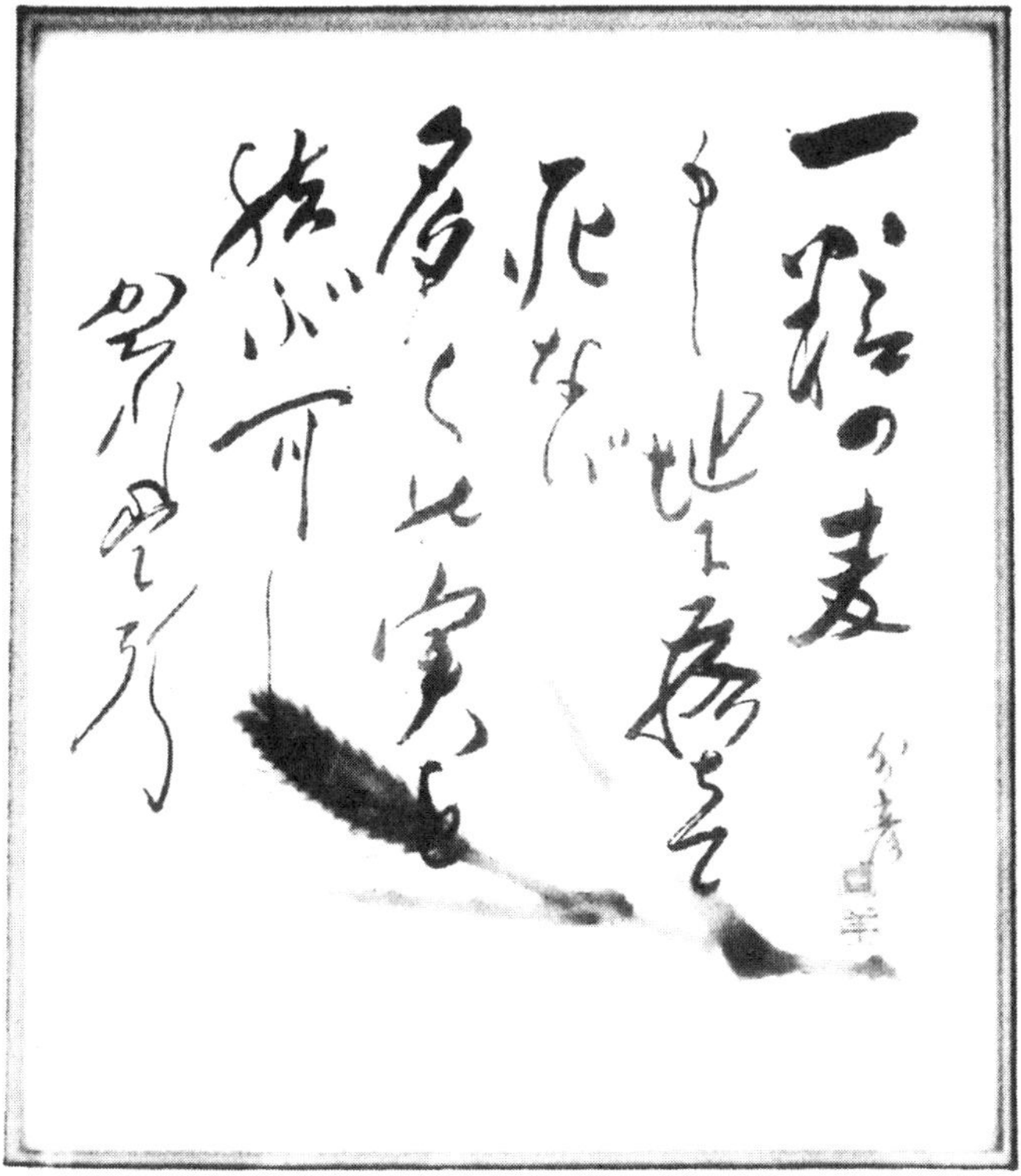

一粒の麦は地に落ちて死ななければ、
一粒のままである。
だが、死ねば、多くの実を結ぶ。

〈写真〉

公益財団法人 賀川事業団 雲柱社

賀川豊彦記念 松沢資料館 提供

〈イラスト〉

新井由有子

はじめに

一九二〇年から五〇年頃にかけて、日本の有名な人物は誰かとアメリカ人に聞くと、最初に返ってくるのはヒロヒト天皇陛下という答えです。二番目に挙げるのは賀川豊彦という名です。つまり一九〇〇年代前半、欧米で最もよく知られた日本人は賀川豊彦という人物だったのです。

欧米ではシュバイツァー、ガンジー、賀川豊彦を世界の三大聖人とする評価が一般的でした。ノーベル平和賞とノーベル文学賞で六度も候補に挙げられた人は賀川豊彦をおいてほかにいません。その賀川豊彦が幼少年期を過ごしたのが、現在の徳島県大麻町板東と徳島市でした。

賀川豊彦という人は、どうしてそれほどまでに、世界的に有名なのでしょうか。彼は一八八八年に生を受けてから七二年間、苦難と波乱に富んだ生涯を送りましたが、常に同時代のヒーローとして周囲から抜きんで、あがめられるような存在ではありませんでした。

神戸の回漕店（廻船問屋）で妾の子として生まれた豊彦は、四歳で両親を失い、尋常小学校を卒業するまで父の実家である徳島の賀川家で育てられました。父の正妻からは「豊彦はん、あなたは私の敵の子や」と冷たく言われながら、厳しい家庭環境の中で過ごしました。周りの子供たちも、よそから転入してきた金持ちの子にはなじまず、「妾の子、妾の子」といじめられることもありました。それは多感な少年時代の豊彦には耐えられない屈辱でした。

やがて彼は悲しい思い出を持ったまま、故郷の堀江（旧板野郡堀江）を離れ徳島中学に入りました。しかし、彼は自己の信念が強く、自分の服装にこだわることなく、その強い信念と正義感を貫こうとしたため、この徳島中学時代や明治学院時代には同級生から生意気だとがめられ、制裁を受けることもありました。時代や社会に同調しない生き方は周囲の反感を買ったのです。

徳島中学の寮から片山塾に移り、そこで賀川の転機となった二人の宣教師に出会います。家庭の温かさを知らなかった賀川は初めて、宣教師を通して人間の温かい心に触れます。

しかし、多感で寂しがり屋の豊彦を絶望のふちに追いやったのは賀川家の倒産でした。豊彦が宣教師の温かい愛情に触れて、キリスト教の道に進もうとした時、後見人であった叔父の森六兵衛から「耶蘇教になったら追い出す」と言われ、森家から追い出されてしまいました。

マヤス博士からキリスト教の洗礼を受けると、賀川はキリストの教えに倣って、自分の生涯を人のために尽くすという固い決意をします。孤独と寂しさを紛らわすように、東西の良書を必死で読みあさりました。哲学、文学、生物学などの広範な彼の知識は、その時の読書で養われました。中学時代にはすでに、『ファーブル昆虫記』やジョン・ウェスレーの伝記を愛読し、イギリスの有名な芸術家で批評家のジョン・ラスキンの著作に感動し、著書の翻訳さえしました。

倫理観の強い賀川は、不義の両親の間から生まれたことに、逃げられない罪の重さを感じていました。多くの試練に遭いながら、幾度も自殺を試み、その絶望の中から生きる希望を見出し、世界的な人物になりました。もし二人の宣教師に出会わなかったなら、賀川豊彦のその後はなかっただろうと、彼自身告白しています。絶望の世界に陥りながら、そこから立ち上がった賀川の生涯は青年に多くの希望と勇気を与えてくれます。

そして、神戸神学校に入った頃から、彼の抜きんでた非凡さは周囲の認めるところとなり、尊敬される対象となりました。自己の信念を一途に貫いた彼の生き方は社会を変えたのです。それは、自己を捨てて、社会の底辺にあえいでいた労働者や農民たちのために、生涯のすべてを懸けて闘ったからです。

豊彦　神戸から阿波へ。

四歳で両親を亡くし　阿波の東馬詰に
姉栄と共に引き取られた。

阿波の山河は美しい。しかし義母は、

「豊彦はん、あんたは敵の子や」

　涙、涙……

徳島中学校へ入学。

宣教師に出会ってキリスト教の道に
進むことを決意。
結核で死の危機に遭う。神学校の寮を
出て、スラムのために捧げるのだ。

アメリカに留学。
ニューヨークで労働者がパンをよこせ
のデモにあう。
そうだ、
　日本の労働者を団結させるのだ！
帰国した賀川は　川崎、三菱造船所の
デモの先頭に立って行進。

神様から頂く生命
は大切なものです
決して粗末にしては
なりません

敗戦で、日本は焼土となる。
　戦争は富の奪い合いから始まる。
　　助け合いの精神が必要なのだ。
競争主義から、共済組合の社会を。

目次

第三章　絶望からの脱出　41

第四章　再び神戸のスラムに　67

第一章　郷里板野での少年時代

（1）賀川豊彦の生い立ちと両親

賀川豊彦は一八八八年七月一〇日、神戸市兵庫区島上町の港近くで回漕屋をしていた父・純一と芸者かめとの間に生まれました。父の純一は一五歳の時、作り酒屋を家業とする隣村・大幸《だいこう》村の磯部家から、男の跡継ぎがなかった賀川盛平の養子として迎えられました。江戸時代の阿波藩の経済は藍によって支えられていましたが、栽培の盛んだった吉野川流域に位置した賀川家は一九か村を管轄する大庄屋でした。

その後、純一は徳島市内の士族の藩校で学ぶうちに、その才能が認められ、徳島県の政界を動かすほどの人物へと成長します。その頃、高知県を中心に起こった自由民権運動は隣県の徳島にも広がり、賀川純一の働きは板垣退助の目に留まるところとなり、明治政府の元老院書記官に推薦されます。養父の盛平が家業を営んでいたこともあり、純一は家を出て政治の世界で奔走していました。間もなく徳島の自由民権運動の活動は弾圧され、幹部は刑罰を受けることになりました。取り調べの結果、純一は無罪となりましたが、元老院書記官を辞任して徳島に帰り、徳島県令となります。国の行政組織がまだ定まっていない時代でした（息子・豊彦の傑出した才能は、おそらくこの父親純一から来ているのではないかと思われます）。

優れた才能と財力に富んだ賀川純一が東馬詰《ひがしうまづめ》を離れた時から、賀川家には没落の運命が忍び寄っていました。純一は徳島市内に愛人を持ち、家を顧みることはなかったのでした。

豊彦の父純一

豊彦の母かめ

ところで、権力を持った高級役人や資産家たちは料亭へ出入りする機会が多く、そこで純一が見初めたのが、当時芸者修行中の（芸名益栄）萓生（萱生）かめでした。かめは向学心が強く、厳しい芸の修行の傍ら、読み書きにも熱心でした。美貌はもちろんのこと、内町の芸者の中では随一と評判も高かったようです。

そのかめに道ならぬ恋をしたのが純一でした。かめがなぜ芸者の道に入ったのかについては一切わかっていません。ただ、娘を芸者に出さなければならないほど、家庭は厳しい状況に追い込まれていたのでしょう。この時代は家庭の窮乏を救うために、娘を芸者や女中に出すのは珍しいことではありませんでした。純一はまだ一人前になっていないかめの勉強を助け、かめが一人前になる前からかめを身請けして、かめの成長を助けました。

長男の端一が二〇歳の時には両親が亡くなっているので、その間に母の出自を話していたとしても不思議はないと思うのですが、かめはそのことを何も語っていません。

ところで、板野の賀川本家には純一の正妻ミチが祖母と共に賀川家を守っていました。四歳で両親を亡くした豊彦は、姉の栄と共に、板野の祖母と義理の母のもとに預けられることになりました。そこから豊彦の運命は変わります。義母のミチは病弱で、一〇年間、豊彦に一度も温かい言葉をかけなかったといわれています。義母の冷たい言葉と祖母の厳しいしつけの中で豊彦は幼少期を過ごしました。ただ、祖母のおセイは豊彦を賀川家の後継者とするために、幼少時から農作業を教えたり、寺子屋に通わせたり、四書五経の音読をさせていました。

東馬詰の賀川家には、純一と本妻ミチとの間に一男一女が生まれていましたが、子供は幼くして亡くなり、賀川家の後継者となる子供はいませんでした。そこで純一はかめとの間に生まれた豊彦を賀川家の後継者にするため、賀川家の義理の母ミチの子として入籍させていました。豊彦の運命は両親の相次ぐ死と、不倫の子としての出生という運命に翻弄されるのです。この生い立ちが、豊彦を生涯苦しめることになりました。特に潔癖性の強い豊彦にとって、義母の口から絶えず投げかけられた「あんたは妾の子」という言葉は、針で刺されるように豊彦の心を傷つけたのでした。

兄の端一は神戸の回漕屋の後継者となりました。

豊彦は東馬詰の生活を「私の少年時代」（『青春の賀川豊彦』）で次のように述べています。

それで私は、家庭では、愛というものをほとんど知らず成長した。私の義理の母は、表にさえろくろく出てこない人で、一日の中で、私に言葉をかけてくれることはほとんど稀であった。

（中略）養母からは私の生母に対して、呪いと侮辱の声をよくきいた。その度毎に、私は陰に入って泣いた。

賀川家の南には馬詰川（旧吉野川）がゆったりと流れ、その美しい田園風景は今も残っています。昔の吉野川は大雨が降ると氾濫を繰り返し、洪水が起きれば賀川家の屋敷の近くまで水が溢れ、小魚が流されてくることさえありました。豊彦は寂しくなるとその川辺に出て小魚を捕ったり、蟹と戯れていました。まだ今のような立派な堤防はできていません。春になれば川べりにはタンポポの花が咲き、夏には葦が生い茂り、小高い土手近くには赤く咲くアザミや野生の百合が群がり咲く姿を見かけたものです。それらの野草は誰かが植えたわけではありません。豊彦は川べりの美しい自然、その風景に魅せられるようになりました。中学生になって、植物や川の

賀川家の南を流れる旧吉野川畔

魚に興味を抱くようになったのも、少年時代の孤独な環境がそうさせたのでした。陰湿で暗い家庭環境の中にいた豊彦は、自然の中に純粋な美しい姿があるのを発見しました。彼の置かれた環境が暗かっただけに、自然はいっそう美しく輝いて見えたのでした。

大地主の後継者を亡くした祖母のおセイは、豊彦を賀川家の後継者とするために厳しい教育を施し、小学校の時から賀川家の当主としての役割をさせていました。祖母は豊彦にだけは、父親のような道を歩ませたくないと思っていたのです。

夏の朝、祖母のいいつけで、私は飼馬にたべさせる草を刈りに行った。私は四つまで乳をのんだ程、身体が弱かったので、鎌や草籠が重くて仕方がなかったが、馬がかわいいのと、祖母に一言でもほめてもらいたいと思う心から、重い大きな草籠をひきずって、毎朝のように草刈に行った。（中略）

水車もよく踏まされた。田植えもよくさされた。麦刈にも行ったし、稲刈にも行った。蚕も飼ったし、機械も手伝った。草履つくりも手伝わされたし、冬になると大根の切干し、さつま芋の切干し等も手伝わされた。

（「私の少年時代」『青春の賀川豊彦』より）

このような少年豊彦の農村や自然への関心は、成人後、生物学や鉱物学、地質学などの興味へと広がり、さらには搾取されていた小作農家の救済にも力を尽くすことになりました。

戦後、農地解放により、東馬詰の小作農家は地主の収奪から解放されましたが、農村の形態はそのままでした。豊彦が成人になって農民運動の指導をするようになったのも、このような状況がそうさせたのでした。

(2) 異性への怖れ

明治から昭和の農村地帯の白壁を持つ屋敷に住む地主や政治家の間では、妾を囲うのは珍しいことではありませんでした。ところが倫理観の高い豊彦は、自分の生まれに深く傷つき、生涯そのことにひどく苦しんでおりました。もしかすると、自分の中にもみだらな血が流れているかもしれないと。

「私は母の系図を知らない。私はそういう家庭に育ったから純潔については特別に感じた。私には父の放蕩と母の芸者だったことが遺伝しているだろう」と強く自戒していました。

小さな生き物から多くの自然界の生物に至るまで、強い興味と関心の強かった豊彦は、小学校在学中、同学年の少女に深く心を寄せ、だんだんその少女を恋い慕うようになっていきました。そのような時も、豊彦は自分の早熟な気持ちに一方ならず心を悩ませていました。その少女との関係は二人の環境の違いもあって、結局は結ばれることはないのですが、最後まで美しい友情は続いていました。このような時も豊彦は、自分の中に流れている異性への関心に人一倍悩んでいたようです。

小説『死線を越えて』の最初の部分に、鶴子という美しい女性と主人公栄一の恋の場面があります。二人は堪えかねて「鶴子を固く抱きしめながら、地獄へ落ちても私は神様に不平は言わぬわと囁く」という場面があります。二人の愛情が高まったシーンです。

このラブシーンの女性にはモデルがいるのです。関係者の話によると、板野郡堀江村から高等女学校に通学していた女性の中に五島巻子という幾分グラマー（肉感的）で社交的な女性がいました。その少女が賀川の初恋の女性だといわれております。巻子は体型的にも性質面でも、中学生の賀川豊彦とは正反対で魅力的な少女だったといわれております。これに対し、豊彦の風貌は胸部疾患を患い、腺病質で、眼光鋭く、長い髪を振り乱したような個性的なものだったようです。二人は成績が優秀で好奇心の強かったことが互いを結びつけていたようです。

明治学院時代に賀川が記した日記『矛盾録』の「恋を思ふ。」と題した文章の中で、少年時代の恋の悩みが記述されております。それは小説の鶴子と栄一の場面を彷彿とさせます。

（巻子を）我輩は全く恋を忘れる事は出来ぬ。（中略）中学の五年級の卒業は巻子の為めに犠牲に供した様な者である。熱烈な恋は、中学卒業を全く犠牲に供した。早熟なる豊彦、哀むべき豊彦！　※（　）は筆者補注

その後スラムで出会ったのが、のちに妻となったハル夫人です。賀川は生死をさ迷う病気に罹りながら、いったん回復して神戸神学校に帰ります。そして奇跡的に与えられた自分の命に感激し、

その命をスラムのために捧げる決意をしました。その時の賀川には、初恋の美しいロマンに浸るという夢はなく、どのようにすればスラムの貧しい人たちを救えるかという必死の使命感でいっぱいでした。貧者のために捧げる賀川の凄まじい精神に魅せられたのが、のちに妻となったハル夫人です。ハル夫人はどん底で生きる人に全生命を懸けた賀川の生き方に共感したのでした。

当時、詩人で文芸評論家として名前の知られた石垣綾子が賀川の生き方に感激し、自分も貧民窟に入って賀川を助けようとしましたが、あまりの生活環境の違いに恐れを抱き、一日でその場を逃げ出しました。それほどスラムの生活環境はひどかったのです。

賀川豊彦の死後、著名人が賀川について対談した記事が新聞に掲載されました。その中で、文芸評論家の荒正人は「あれだけ世間で名声の高かった賀川には、女との関係がきれいだった人は珍しい」と語っています。また賀川豊彦の宣教協力者であった黒田四郎も、「先生はいかなる時も、人間として実に珍しいほどの純潔の所有者であった」と。それは豊彦の生い立ちと彼のピューリタニズムが賀川をそのようにさせたのです。

父・純一が賀川家を離れ政界に走ったことを憂えた、父にとって義母である祖母は、豊彦が小学校に入学すると大庄屋を相続する者として寺子屋で学ばせただけでなく、口癖のように豊彦に「あなたのお父さんは県令（現在の知事に相当）のようなことをしたんだから……。あなたも一生懸命に勉強をして偉い人にならないといけないよ」と教えていました。

(3) 小学校での冤罪事件

豊彦は一八九三（明治二六）年四月、年齢を偽り一年早く第二堀江尋常小学校に入学しました。そこで義務教育の四年間を終えて、一八九七（明治三〇）年に堀江南尋常高等小学校に進みました。小学校に入学して七年が過ぎた一一歳の頃、豊彦の心を傷つけた冤罪事件が起こりました。豊彦が高等小学校三年生の時です。

「その頃、どうした間違いであったか、突然、村の世話役の石川さんが家にこられて、隣村の小学校の小使いの子供が肋膜炎で死にかかっている。それは、私がこうもりがさで負傷させたからであるといってきた。

私は全くその言葉にびっくりした。私はもう満十一歳になっていたが、相当生意気な少年で、村の子供らと一緒に遊ぶことがすくなかった。また、自分より下の子供らと一緒に遊ぶことは珍しくって、大抵の場合、自分より一級か二級上の少年たちと一緒に遊んだ……。」

（『青春の賀川豊彦』）

それから私は、もう村へ帰ることがいやになり、すぐ兄と相談して、夏休みを神戸で送り、中学校の一年生に入学してしまった。

（「私の少年時代」『青春の賀川豊彦』より）

この事件は少年豊彦の心を傷つけ、東馬詰村を去る決定的理由となりました。東馬詰村の自然は豊彦の心を潤しましたが、豊彦を取り巻く環境は安穏とした状態と言えるものではありませんでした。さらに、兄の端一によって背負わされた賀川家の借金と、継母ミチの口から出る純一への恨みは、豊彦の心に針を刺すように鋭く迫ってきました。その上、豊彦を苦しめたのは、出生をめぐって、村人から何かにつけ陰口を言われることでした。かつては組頭庄屋として大きな力を持っていた家長がいなくなり、財力が衰退するのに比例して、賀川家の権威は弱まり、村人の豊彦を見る視線も変わってきました。豊彦は他人から投げかけられる冷たい言葉に、ひどく傷ついて涙することが多くなっていました。

第二章　徳島中学校時代

(1) ローガン、マヤス博士との出会い

マヤス博士

一九〇〇（明治三三）年、豊彦は徳島県で最も古い伝統と歴史のある徳島中学校に入学しました。年齢が一歳低くて、背丈も小さく、田舎の小学校を出た豊彦は、入学試験に自信がありませんでした。神戸の兄の家に身を寄せていた豊彦は、番頭に連れられて高等科三年終了で徳島中学に挑戦したのでした。徳島中学に入学してくる生徒は、経済力と学力の両面がそろった優秀な生徒ばかりでした。合格発表の時、豊彦は自分の名前が見つからず泣きながら帰ろうとしました。すると、神戸の兄の店の番頭が豊彦の名前を見つけ、五番で合格していることを教えてくれました。優秀な成績であったことに大喜びしました。

豊彦は新しい希望を抱いて徳島中学校に入学しましたが、寄宿舎の環境はよくありませんでした。豊彦は一年だけそこで辛抱し、二年目（一二歳）に寄宿舎を

出ました。

ところが、入学して寄宿舎にはいっておどろいたのは、上級生が真夜中に板塀をこえて夜あそびに行くことでした。（中略）私は寄宿舎にはいって勉強ができず、これには弱ってしまいました。

（「若き日の思い出」）

当時の旧制中学にはバンカラで野蛮な風潮がありました。同級生より一年年少の豊彦は身長も低く、純粋で潔癖な性質の少年でした。寄宿舎では一年だけ辛抱し、二年目から徳島中学の英語教師であった片山政吉が経営している英語塾に移り、六ヶ月間、いとこの新居格《にいいたる》（のちの社会評論家）らと一緒に過ごしました。片山塾は寄宿舎のような堅苦しい規則もなく、快適で楽しかったようです。しかも、片山先生は徳島の通り町教会に通うクリスチャンでした。田舎の自然に親しんでいた豊彦にキリスト教への関心はなかったのですが、片山先生からは英語の個人教授を受け、キリスト教と出会

ローガン博士

わせてくれた人物として強く記憶に残っています。

さらに、片山塾は「初めて家庭らしい家庭の印象を与えてくれた」場所として心に残ります。堀江村の義母から受けていた仕打ちは、環境が冷たいものだっただけに、片山塾の家庭的な雰囲気が強く印象に残りました。

キリスト教との出会いはそこから始まりました。豊彦が初めて教会に足を踏み入れたのは、一九〇二（明治三五）年の終わり頃のことです。初め、賀川は友人に勧められて、ローガン博士のキリスト伝の英語講義に二、三回通いましたが、耶蘇教、つまりキリスト教に対しては親しみが持てず、すぐ受講をやめてしまいました。その後、ローガン博士は「キリスト教概要」の講義を始めていました。また、創世記の講義を毎週火曜日に始めるようになりました。豊彦は不思議にも、今度はキリスト教への反抗的な気持ちもなくなり、ローガン博士の人間的な魅力に引き寄せられるようになっていきました。先生の柔和な輝いた顔、詩のような美しい言葉、美しい発音は豊彦の心を捉え、講義も楽しいものとなりました。孤独と寂寥のとりこになっていた豊彦に、人生のほのぼのとした喜びが感じられるようになっていったのです。

私は何故　私の周囲が頽廃して居るかがすぐわかった。それは「神」が無かったからであった。（中略）私はその闇を破る勇気がなかった。然し私に米国宣教師の導きと愛が加わるとともに私の胸は躍った。今でも　ローガン先生と　マヤス先生は　私の親のように　私はまた彼等の子のように　いつ如何なる時でも　愛しいつくしんでくれるが　私は　彼等を通じて　イエスを見た。そしてイエスの道がよくわかって来た。　　　　　（「イエスの宗教とその心理」）

※旧字、旧仮名遣いは筆者により新字、現代仮名遣いに変更

今まで異質と思っていた、キリスト教の世界に入ることによって、賀川の世界観が全く変わったのです。ローガン博士やマヤス博士はなんて温かく素晴らしい方たちなのだろう。いつの間にか、家族の一員のようになったローガン家とマヤス家の食堂には、豊彦の席があたかも指定席のごとく用意されていました。それは今まで味わったことのない家庭の温かさで、孤独であった豊彦の心を慰めてくれました。よく泣いていた豊彦は、ローガン先生とマヤス先生との出会いによって、まるで人が変わったように明るくなっていきました。

その頃、神戸の回漕店は一五歳年長の端一が跡を継いでいました。店には使用人もいて、豊彦の生活の心配はなく、その服装も垢抜けたものを身に着けていました。

やがて神戸の回漕店の経営が苦しくなると、その影響は板東の賀川家をも追い詰めることになります。

一九〇三（明治三六）年の春、ついに賀川家は破産し、授業料も払えなくなりました。豊彦を経済的に助けたのは徳島市内で大きな商売をしていた叔父の森六兵衛でした。賀川は片山塾から同年四月一一日に、森家に移りました。今まで、大庄屋の御曹司として経済的な不自由を知らなかった豊彦は、破産の苦しみをその身に受けることになりました。と同時に、キリスト教への傾斜が深ま

りました。

私が耶蘇《ヤソ》になることには餘程《よほど》の覚悟が必要であつた。私は三十五銭の聖書を買ふのに苦心した。それ程、私は貧乏であつた。私は教会に行くことを許されなかつた。親族の凡《すべ》ては私が、イエスの弟子になることに反対であつた。

（「雲の柱」創刊号）

豊彦はローガン博士の書いた『創世記時代』の序文で述べている。

私に愛といふものが何であるかを教へた二家族がある。ローガン先生の一家族がその一つでマヤス先生の一家族が他の一つである。（中略）私に基督教を教へたのは聖書ばかりではない。この二家族の愛が、私の血脈を充分キリストに結び付ける事になつたのである。

ローガン博士という人物は一九〇二（明治三五）年に来日して、一九四一年の日米開戦で強制的に日本を去るようになるまでの三九年間、わずかの期間を除いてずっと徳島で伝道のために尽くしました。またマヤス博士も、同じ南長老派の宣教師として、徳島、神戸、名古屋を中心に太平洋戦争で強制送還されるまで日本伝道に尽くした人です。マヤス博士は神戸神学校の建設に貢献し、神戸神学校では、第三国人として下位に見下げられていた多くの朝鮮人の学費を支援するなど優れた功績を残しています。

(2) 賀川家の破産とキリスト教の洗礼

一九〇三（明治三六）年、豊彦が中学四年生の時、白壁を誇った賀川家はついに破産しました。継母ミチは、屋敷の端っこにわずかに残された六畳間の裏屋敷一棟に住むことが許されるという悲惨な運命に巻き込まれました。兄・端一の事業の失敗と端一の身持ちの悪さから、豊彦の学資の支払いも困難になりました。

豊彦の唯一の保護者であった兄の端一は、神戸の回漕店の倒産により韓国に渡りました。その兄も、間もなく韓国で死亡します。いよいよ豊彦は孤独な身の上となります。

賀川豊彦をよく知っていた横山春一はその賀川伝で、絶望に陥っていた豊彦を励ましたマヤス博士との有名なシーンを記しています。

破産の決定した日、感受性の鋭い年頃である豊彦は、放心したように家を出て、マヤス博士を訪ねた。泣きはらした瞼、青ざめた両頬を見て、マヤス博士は抱きかかえるようにして、豊彦を芝生の上にたたせた。暮れ近い春の陽が梢を越して、彼の顔を赤く染めました。マヤス博士は豊彦の両手をぎゅっと握り締めた。彼は顔を上げて博士を見つめた。博士は豊彦のあごに手を当てて、泣き濡れた顔を静かに太陽の方へ向けて言った。

「さあ、泣くのはやめて、涙を乾かしてごらん。泣いている目には、太陽も泣いて見え、ほほえむ目には太陽も笑って見える」

豊彦の深い悲哀と苦悶の表情は、次第にぬぐわれ、そして瞳が喜びに輝いてくるのでした。

神戸の賀川家は破産し、東馬詰の賀川家も破産に追い込まれました。授業料も払えなくなり、身の置き所のなくなった豊彦は、悲嘆に暮れていました。すべてを失い裸同然になった時、マヤス博士の言葉に新しい生命を発見しました。それから賀川は聖書をむさぼるように読みました。聖書に語られているイエスの言葉が彼を強く惹きつけました。

それからイエスは弟子たちに言われた。だから言っておく。命のことで何を食べようか、体のことで何を着ようかと思い悩むな。命は食べ物よりも大切であり、体は衣服よりも大切だ。烏のことを考えてみなさい。種もまかず、刈り入れもせず、納屋も倉も持たない。だが神は烏を養ってくださる。あなた方は鳥よりどれほど価値があることか。あなたがたのうちのだれが、思い悩んだからとて寿命をわずかでも延ばすことができようか。こんなごく小さなことさえできないのに、なぜ、ほかのことまで思い悩むのか。
（ルカ伝　12章22〜26節）

この世に生きる者はすべて、自分で自分をどうすることもできないのだ。すべては神の支配のもとにあるのだ。お前は何を悩むのかという言葉が思い出されてきました。

すべてを失い、絶望に沈んだ賀川を助けたのはこの聖書の言葉でした。どんなに食べ物がなくとも、またどのように衣服がなくとも、野の烏は種もまかず蔵も持たない。けれど、万物を作った神はそれらをちゃんと養っておられるではないか。

賀川は、見えるものでなく、この世界の見えないものに永遠の命を見出したのです。ルカ伝の聖書の言葉は、すべてを失い、食べることにも事欠く豊彦の状況そのものでした。彼は命の糧を得るため、多くの哲学書をあさるように読みました。

絶望の底に沈んだ豊彦にとって、聖書の言葉は生命の水であり、生きる希望の光でした。さらに、倫理観の強い豊彦は、自分が両親の不義の中で生まれたことに極度に心を痛めていました。

『汝、純潔を求むるか、或ひは不良に傾くとも意とせざるか。もし汝が、汚れかかつた心を拭ひ清めて、純潔の生涯に入りたいと思ふならば、野に咲く百合の花の気持になつて、天地を見なほせ』

と、いふ声が、いとも厳に私の耳に落ちた、その時以来、私は不思議な力に捉はれてしまった。

（「神と贖罪愛への感激」）

このようにして二人の宣教師の深い影響のもと、一九〇四（明治三七）年二月二一日に、徳島教会のマヤス博士から洗礼を受けました。豊彦一五歳の時です。

キリスト教の洗礼によって生まれ変わった豊彦でしたが、受洗によって価値観が大きく変わりました。五年生の時の軍事教練への反抗は、修身の成績を決定的に引き下げました。世の中で何が一番大事であるのかという考え方が根底から変わったのです。彼は驚くほどの強い精神力と知識欲で、哲学、生物学、社会科学などあらゆるジャンルの勉強に集中しました。高い英語力をもつ豊彦は、マヤス博士やローガン博士の書斎にある英語の原書を次から次と読みあさりました。

翌一九〇五年、イギリスの著名なラスキンの『胡麻と百合』の原書を翻訳したものが、徳島毎日新聞に掲載されました。ラスキンが紹介されたのが日本で初めてのことでした。

この頃、賀川が感化された本がいくつかあります。一番感銘を受けた書物はトルストイの『わが懺悔』でした。この書物は豊彦がキリスト教信仰に入る際に非常に大きな役割を果たしました。八百万の神が信仰の対象となる日本人には、なくてはならない書物です。

一度絶望から抜け出した賀川は、いつまでも自分が背負ってきた運命に涙する弱い人間ではありませんでした。闇の世界から、太陽に向かって目を上げて進む光の子として、新しく生まれ変わっていたのです。

若いときに、神の愛によって、神の子にせられたという新生の喜びと、身売りする娘を救わんとする使命感がなかったら、私の母親が身売りした芸妓であったために、今まで歩いてきた道を歩むことが出来なかったろう。
（「わが人生行路」）

豊彦が背負っていた出生の負の遺産がどれほど重かったかがよくわかります。豊彦はその遺産をキリスト教との出会いにより克服し、新しい人生を歩むがための希望を発見したのでした。

(3) 軍事教練の拒否事件

一九〇〇年代前半の世界は、欧米列強が巨大な生産力や軍事力の優勢を背景に、アジア・アフリカ・太平洋地域に次々と植民地や勢力圏を拡大した帝国主義の時代でした。一九〇五(明治三八)年、大国ロシアと戦って、中国の旅順を陥落させた日本は、国民全体が戦争の勝利に酔っていました。旧制中学校でも正規の授業で軍事訓練が行われていましたが、それに疑問を持つ者はいませんでした。その厳しい軍事教練のさなかに、豊彦は戦争の訓練はいやだといって銃を投げ出したのです。中学五年生の卒業間近の頃でした。予想もしなかった中学生の反抗に、指導教師は激怒し、豊彦を校庭で殴打し、校庭は豊彦の鼻血で赤く染まったといわれています。

豊彦にこのように勇敢な行動をとらせたものは何だったのでしょうか。いうまでもなく、キリスト教徒となって物事の考え方が一八〇度変わったからです。マヤス博士とローガン博士から受けた、何ものをも恐れない絶対平和主義の考え方です。マヤス博士とローガン博士が所属するアメリカの南長老派教会は、厳格に聖書の平和主義思想に基づく教会でした。信仰心を持った純粋な考えの豊彦は、この精神から強く影響を受けていました。ローガン博士の説教も、絶対平和主義の精神がみなぎり「キリストの弟子たる者はピストルを投げ捨て、ドスを海中に投じ、ただ神の近衛兵になれば十分のはずだ」としばしば説き続けていました。

その頃の事情を豊彦は自伝で次のように述べています。

奮ひ起《た》てよ、私の魂よ！　凡《すべ》ての苦難《くるしみ》を越えて神に帰り行け！　神は、恋人の如くおまへを待ち、神は薔薇の花よりも、美《うる》はしい姿で、おまへに待ち憧《こが》れて居る。凡てを振り捨てて、神に帰つて行け、私の魂よ、凡ての底の底に、神はひとりおまへを待つ。神は最後の決勝点である。最後の母である。苦難《くるしみ》を越えて帰つて行け、彼はお園《その》（茜屋《あかねや》）よりも貞淑な愛と、変らざる慈悲を持つて、おまへを待つてゐる。

（「雲の柱」創刊号）

※旧字は筆者により新字に変更

（4）トルストイの影響

洗礼を受けた豊彦を感化した書物の一つに、トルストイの『わが懺悔』がありました。悲しい運命の子として生まれ、相次いで起こる逆境の中で、何度か死の淵に立たされ、それを立ち止まらせた書物が『わが懺悔』でした。トルストイはロシアの侯爵家に生まれ、将来は豊かな地主貴族としての生活を約束されていました。その楽天的性格と激しい自己反省へと向かうピューリタン的傾向が、不安と動揺に満ちた一生を彼にもたらします。やがて、賀川を感動させた「懺悔」を書きます。トルストイが見出した聖書の山上の垂訓《すいくん》の「怒るなかれ、姦淫するなかれ、誓うなかれ、暴力をもって悪に抗するなかれ、闘うなかれ」の戒律は、賀川が探し求めていたものでした。

賀川は聖書の中に自分の進むべき道を見出していたのです。

私はありとあらゆる知識の中に解答を探し求めたが、それを見出すことは出来なかった。「私の一生がいかなるものか、なぜに私は何者かを求めるのか。また何者かを行うのか」さらに「あの避けがたい死によって滅せられない悠久の意義が私の生活にあるのだろうか」人生への懐疑を理性の判断からすれば、死を選ぶほかはない。しかし、学者や賢人以外の世の大衆は理性によらないで人生を認めている。理性によらないものは信仰である。（トルストイ『わが懺悔』）

一九〇四年六月一六日のロンドンタイムスに、トルストイは大長編論文「日露戦争論」を発表し、大きな話題になりました。八月には東京朝日新聞で一六回連載されました。

戦争はまたも起こってしまった。誰にも無用で無益な困難が再来し、偽り、欺きが横行し、そして人類の愚かさ、残忍さを露呈した。

東西を隔てた人々を見るといい。一方は一切の殺生を禁ずる仏教徒であり、一方は世界中の人々は兄弟であり、愛を大切にするキリスト教徒である。その数十万人が、今や残酷な方法によって互いに傷つけ合い、殺し合おうと勢いづき、陸に海に野獣のように戦い合う。ああ、何ということか。これは夢か、それとも真《まこと》なのか。これは本当であってはならないことだ。ありえないことである。人は、それが夢であることを信じて、すぐに醒めることを願っている。

しかし、そうではない。それは夢ではない。それは事実なのだ！

（『現代文　トルストイの日露戦争』国書刊行会）

つまり、銃を投げ出して軍事教練を拒否した賀川の行動の根底には、一貫してキリストの隣人愛に根ざした非戦の思想が貫かれていたのです。

第三章　絶望からの脱出

（1）明治学院時代

徳島中学五年生の二月、明治学院神学予科への入学が決まると、キリスト教嫌いの叔父の森六兵衛は賀川を家から追い出しました。そのため明治学院に入学するまで、マヤス博士の家に身を寄せることになりました。

明治三十八年三月わたしは、無事徳島中学を卒業したが、東京にいるおじをたよって上京した。だが永井のおじは、わたしの世話を拒絶した。で上級学校に進む希望はたたれてしまったわたしは、マヤス先生に事情を訴えた。するとマヤス先生は親切に、毎月十一円の学資を送ってくれる約束をしてくれた。それでわたしは、東京芝白金の明治学院神学部に入学した。

（「わが村を去る」）

明治学院ではヘボン館の寮に入りました。ヘボン館での生活は一年間でしたが、学院の生活も含めて、寂しい一年間でした。寮生の生活態度は想像以上に悪く、ピューリタンを身上とする真面目な賀川には耐えられませんでした。不真面目な寮生の生活を尻目に、賀川は図書館からカントやヘーゲルの書物を借りては読書に集中していました。二年目には、ハリス館に移りますが、依然として寮での生活は豊彦には不満でした。

豊彦はドイツの哲学者カントやヘーゲルのほか、二年生では宗教哲学の本から強い感銘を受けました。また豊彦の思想形成に影響を与えたものは、トルストイの『わが懺悔』など無数の書物を挙げることができます。

賀川にとって、読書はなくてはならない精神の栄養剤でした。社会人となって貧しい社会のために身を捧げるようになったのも、一八世紀の英国でメソジスト運動を起こしたジョン・ウェスレーの思想や豊橋教会の長尾巻《まき》牧師の影響を挙げることができます。

賀川が読書マニアであったことは友人にもよく知られていました。彼は哲学書のようなものでも、毎日一冊のペースで読みました。朝は四時に起床し、一一時まで朝食抜きで読書をしていました。歩きながら、話しながら、食べながら、時には入浴の時も書物を手放すことはありませんでした。

(2) 豊彦思いの姉、栄

明治学院での豊彦が、自分の服装にまったくこだわらなかったことを表す逸話があります。明治学院の予科を卒業して東京の教会に通っていた頃のことです。豊彦の服装を見かねた教会員が、豊彦に新しい着物を贈りました。しかし彼は、次の日にはその新しい着物を見知らぬ貧しい人に与えたのでした。依然として古びた服装のままで、着物は一枚あればいい、新しい立派なものは必要ないとして、路傍の貧しい人に与えていたのです。

また、豊彦の身の回りを心配した姉の栄は、自分の生活を節約して立派な羽織を送りました。その時、豊彦は聖書の「二枚の下着を持ってはならない」の教えを実践して、姉からの着物を必要とする人にあげてしまったのでした。次は、姉に宛てた豊彦の手紙です。

姉さん。羽織ありがとう。然し、私は之れに御礼を云ふ事は出来ません。そして之れを着る事は出来ません。先日の姉様からの靴足袋や、シャツは貧乏な人の子に与へました。私は本を買う金は無くて困るが羽織や衣服の立派なのを着る事は嫌ひです。

姉様私は実際紙一枚を買ふ金が無いのです。然し有りたけの金は皆本に入れるのです。然し姉様百円以上の本がたまったのを此年の四月に二十円計りに売り払った事が有るのです。私は姉様の親切は有難くって泣きますが、もし姉様羽織を作る金が有るならば何卒金を送ってください。私は此羽織は着ません。私は此七年と云ふ者は一枚しか着なかった。然し嗚呼神様！　の御恵で風も引きません。（中略）姉様今より後私に決して衣服とか食物を送って下さるな。私は此羽織を送り返したい。然し三十銭の大金は無い。それで入る人に与へる事にします。誠に涙が先に出る事だが、栄子様の弟豊彦ですから此無理を云ふのです。若し敢て衣服なり御送りになれば交通を絶ちますよ。人間は衣服の事を思ひ煩ひたくないのです。（中略）

世界の罪の為めに泣きつつ

（「矛盾録」）

豊彦の身の回りの生活を誰よりも心配していた姉と豊彦の熱くなるような関係が見事に映し出されています。しかしこの姉は、後年豊彦が中国伝道の旅に出発する日、一九三一（昭和六）年一月一三日、六年間の闘病を経てこの世を去りました。この時豊彦は「姉の死」という題で一五首の、姉を悼む短歌を詠んでいます。

十三の　その数悪しと思いつつ　船出せし日に　姉世を去りぬ
運命を　つなぐほづなの姉弟　別れて育ち　別れて死にぬ。
＊ほづな（帆綱）＝船の帆を上げ下ろしするための綱
（「彷徨と巡礼」）

一家は倒産し、豊彦の授業料の面倒を見ていた兄はすでに亡くなり、豊彦を心配していた肉親は姉の栄一人でした。その唯一の姉の愛情をも自己の信仰を全うするためにきっぱりと拒否したのです。豊彦にとって大切なことは、キリストの教えに従って生きることでした。肉親の情愛に甘えることは許せなかったのです。弱い者のために自らを犠牲にするという生き方は、この頃から一貫していました。

このイエス・キリストの教えは、すでに彼の血肉の一部となっていました。この精神が、やがてスラムの伝道と救済活動につながっていきます。

（3）危篤状態からの蘇り《よみがえ》

明治学院入学二年目の夏、豊彦は夏休みの休暇を利用して徳島のマヤス先生の所に帰ってきました。その時、自分の母校である徳島中学校校長の講演記事を、徳島毎日新聞で見ました。鈴木券太郎校長の「帝国主義に就いて」と題した講演の記事です。

その講演は一九〇六（明治三九）年八月、一三回にわたって徳島毎日新聞に掲載されました。豊彦は鈴木券太郎校長の論文を読むと直ちに反論の原稿を送りました。その原稿は「鈴木中学校長に問う――世界平和について」という文章で、新聞には七回にわたって連載されました。

鈴木券太郎という人物は、徳島県を代表する帝国主義者として有名で、当時は文化人としても認められた学者でした。中学校を一年前に卒業したばかりの一生徒から、母校の校長であった人への反論は異例の出来事として社会の反響を呼びました。賀川は帝国主義の考えをとる校長の考えが許せなかったのです。

「人民の政府を打ち立てれば、人民が統治する社会が実現しよう。その時、戦争はもちろん、平和的金力戦争はやみ、競争という言葉も忘れる。衣食足りて芸術は発達し、神の国は地上に建設されるだろう」と述べております。

しかも賀川の平和主義は、革命によることなく、あくまでも人類の教育と進化によって実現しようとするものでした。

賀川は一九〇七（明治四〇）年三月、明治学院高等部二年神学予科を修了し、神戸神学校の始まる九月まで、南長老に属する愛知県豊橋教会の長尾牧師の所に応援伝道に行きました。しかし路傍伝道を始めて四一日目、疲労がたまって激しい発熱の後、喀血したのでした。長尾牧師一家は必死の介護に当たりましたが、賀川は医師からも見放され、危篤状態に陥ってしまいました。

この頃、結核は死を覚悟しなければならないほどに恐ろしい病気でした。その伝染力は周囲の家族を巻き込み、一族が絶えるということも珍しくはありませんでした。療養のためには家族からも隔離して伝染を避けるというのが一般的な療養の仕方でした。こんなにも恐ろしい病気のことを知りながら、長尾家は巻牧師、牧師夫人、長女、甲のすべてが家族への伝染の危険を顧みず、看護に当たったのでした。見舞いに来たマヤス博士も、二晩同じ布団で寝て看病に当たりました。

ところが、医師から死の宣告をされていた賀川は、奇跡的に助かったのでした。

のちに豊彦は、「自分は助かるまいなど思ったら、たぶん私は死んでいたに違いない。私の生きた秘訣はここにあった。……生きる力のあることを信じ、生きていて、治さなければならぬ使命のあることを信じていれば、そうやすやすと死ぬものではない」と述べています。豊彦の生への強い思いと精神力が彼を救ったのです。もちろん、長尾家やマヤス博士の厚い献身的な介護の力を見逃すことはできません。

それでは、長尾牧師とはどのような人物だったのでしょうか。豊彦は長尾牧師について次のように述べています。

牧師はみな貧乏だが、これくらい貧乏な牧師は見たことがない。彼が貧乏を享楽していたのにはほとほと感心してしまった。日本中の牧師で自分が一番感化を受けたのは長尾巻である。

（一九三六年四月、賀川豊彦の「長尾巻永眠記念講演」より）

長尾巻牧師は一八五二（嘉永五）年、二〇三〇石の金沢藩家老、長尾八之門の子として生まれました。父八之門は浦上キリシタンたちが金沢に流された時の取り締まり監督でした。この時八之門は彼らの監督をしながら、貧苦と屈辱の中に、なお平和と愛を失わないキリシタンの姿に心動かされました。そして、幕府のキリシタン禁制に疑問を抱いていた八之門は、明治六年にキリシタン禁制が撤廃されると、同年六月に宣教師トマス・C・ウィンから洗礼を受けたのでした。親子とも受洗し、金沢教会を創立しました。

賀川が長尾巻から受けたのは愛民精神であり、キリストの隣人愛でした。長尾巻の生活は驚くほどみすぼらしく質素で、それでありながら、みすぼらしい乞食をも家に泊めて面倒を見るという人でした。豊彦が神戸のスラムに入ったのも、長尾巻牧師の超人的な隣人への奉仕精神に倣うところが大きかったようです。

一九〇七（明治四〇）年九月に神戸神学校は開校しましたが、賀川は再び蓄膿症の手術、結核性痔瘻の手術と入院生活が続きました。明石の病院で四ヶ月間入院し、そこから、海の見える蒲郡《がまごおり》（愛知県）の漁村に転地療養することになりました。しかし、療養先が月五円の家賃であったため、月一円の古びた空き家に移り住みました。生活は漁村にいながら切り詰めた菜食主義の食事で、月一五円で暮らしていました。体が少し回復してくると、自伝風の小説「鳩の真似」の執筆を始めました。のちにその内容が「改造」の山本社長に伝えられ、『死線を越えて』と改題して世に出ることになりました。

その後も豊彦は病苦と学問、生と死の間に置かれ、しばしば絶望の淵に立たされて、幾度も自殺を考えました。そんな時、ジョン・ウェスレーが肺病に冒され、自らは船酔いで血を吐きながらも、他人のために命を懸けて看護をした記録「死を決しても貧民窟へ」にある生き方に励まされました。

（４）スラムでの救済活動

一九〇五年、明治学院高等学部神学予科に入学。一九〇七（明治四〇）年九月、神戸神学校に入学。一九〇八（明治四一）年九月まで転地保養をしました。神戸神学校はマヤス博士が新設の神戸神学校の教授となったことから、誘いがあったと思われます。肺が良くなると結核性蓄膿症が悪化し、兵庫県立病院に入院して手術を受けましたが、多量の出血でまたも危篤状態になりました。関係者は葬式の手配もしていましたが、不思議に病気は回復して一ヶ月で退院できました。しかし蓄膿症が治ると、今度は結核性の痔瘻で、またも京都大学病院で手術を受けました。牧師館の二階で療養しながら読んだジョン・ウェスレーの伝記からは、貧民窟に入る決意を固めるほどの強い影響を受けました。

　病気が治ると以前のように読書に集中して、哲学、経済、文学史、論語などを読みあさりました。読むものがなくなると、関西学院の図書館まで行って本を探し読んでいました。


　神戸神学校の比較的近くに、新川のスラムはありました。スラムというのは社会の流れから脱落した人たちが住んでいる所といってもよいでしょう。その悲惨な状況は言葉に表せないほどです。今まで豊彦は自分に絶望し、自殺さえ考えたこともありましたが、他人の苦しみを自分のこととして考えるまでには至っていませんでした。

　一九〇九（明治四二）年九月頃、新川の厳しい環境の中で暮らす人々に神の愛を伝えようと決意したのです。一二月二四日、キリスト教徒にとってはイエスキリストの誕生を祝う楽しいクリスマスイブの日です。午後二時頃、もめん縞の筒袖を着て、荷車に布団と衣類、書物の入った行李二個と本棚一個を荷車に載せ、学友の伊藤禎二の助けを借りて、神学校の寮を出ました。賀川の荷車は一時間かけて、通称新川の十軒長屋の東から二軒目の借家に着きました。

　部屋の広さは五畳で、表が三畳、奥が二畳でした。畳はなく汚れた床板が露出して、戸や障子もない殺風景な部屋でした。前年の暮れに殺人があって、血の飛散した痕が点々と残り、借り手のなかった部屋でした。荷物を下ろすと、早速古畳を三枚と古障子六枚を購入して、部屋の仕切りを入れました。

神戸の新川という地域はあらゆる段階の落伍者たち、例えば事業で失敗した人、貧乏で行く所がない人、未亡人、身体障害者、老衰者、道徳的失敗者、病人、失業者などと、不幸に陥った人たちが多数住んでいる所でした。落伍者からすると新川は住みやすい条件がそろっていました。生活は最低のレベルでできるからです。およそ三〇〇平方メートルの広さに、六〇〇〇人を超える人が住んでいました。

そこには貧困と悲惨だけでなく、盗み、賭博、喧嘩、脅迫、迫害、殺人といった、あらゆる犯罪がうごめいていました。

住宅の形式は長屋で、奥行きが三間、長さは一〇間か三〇間といったもので、その奥行き三間の長屋の真ん中に壁を入れて、表と裏に仕切っています。横は一間ごとに壁を入れているので、家の総面積は一坪半です。その中に畳を二畳分入れて、半坪は土間で押入れも台所もありません。便所は長屋の端に共同便所があるだけで、雨が二、三日降り続くだけで、それが溢れてくるのでした。

大方の子供は母親と共にマッチ工場で賃仕事をするか、親の物拾いの仕事の助けに行っていました。昼間小学校へ行かれる子供は一〇〇人に二、三人しかいません。この地域で賭博や喧嘩の起こらない日はなく、子供が不良化するのは当然といえる環境でした。ある子供に盗癖があったので母親に注意すると、その母親は「他人の物を盗むのはうちの子供の甲斐性だ。ほっといてんか」と賀川は怒鳴られました。子供が少し大きくなると娘は売られます。子供を売るのは親の権利だといって、家畜のように新川から売られていきます。また男の子も売られていくのです。まさに、新川はこの世の地獄というほかありません。このような悲惨な状態を見た豊彦は、このスラムを何とかしようと必死で闘いました。

大人の仕事で多いのが沖仲仕、土方、汲み取り、日雇い、手伝い、職工などです。今の人には理解できないような仕事もあります。市内で屑拾いの仕事につけた人はいい部類なのです。住民の中にはスリ、窃盗犯、ヤクザのような人たちも多数住んでいました。


病気はいったんよくなっていたので、賀川は死ぬまでの間、ありったけの勇気をもって、神と人に奉仕する生活を送りたいと決心していました。

徳島中学の時、マヤス博士の書斎で読んだヘンリー・ドラモンド博士の「実に信仰と希望と愛とこの三つのものは限りなく残らん、しかしてそのうち最も大きなるものは愛なり」の言葉に、愛の持つ実際の意味をローガン博士とマヤス博士の愛に触れて賀川は感じ取っていました。孤独と寂寥の毎日を過ごしていた賀川にとって、貧しさのどん底生活をしながら、なおかつ乞食を助け、結核に罹った重病人をも見捨てなかった長尾巻牧師の生き方が彼の励みになっていました。またロンドンで貧民窟に暮らす人々に尽くしたアーノルド・トインビーの生き方を思い、今こそ自分が神のために尽くすのだという固い決意は揺らぎませんでした。

賀川がスラムに入った時の最初の日記です。

十二月二十六日（日）
午後、マヤス博士が、玩具二行李とどけてくれた。感謝。

十二月二十七日（月）

朝早くから、子供らに玩具をわけてやる。二三百人の子供が押しかけてきた。晩、マヤス博士の援助をうけ、阿波屋の広間をかりて、最初のクリスマスをする。お菓子と手拭一本を、木賃宿の二畳敷の貧しい人々約百人にわけた。丸山は二十六日から一度食事をしたばかりだといふ。それで、今晩から一緒に自炊することにした。

十二月二十八日（火）

柵拾いしているリュマチスの伊豆が今晩から寄宿。お雪もくる。その父も吉田もくる。四十近いリュウマチスの男が、細君に背負われて、耶蘇の御加持をしてくれという。伊豆の貸布団には「しちいれ（質入れ）おことわり」と模様風に字が染めてある。丸山のひぜん（疥癬）が、うつったらしく、かゆくて眠られない。十時頃、向隣りで僅か五十銭のかねのことで、夫婦喧嘩をしている。代って払ってやる。

十二月二十九日（水）

稲木が朝早くからきた。不景気だから餅屋の責金五円貸せと、懐刀を見せる。そこへ林がきて十円貸せという。稲木は林に怒鳴られて帰る。これもドスをもっている。こんどは園田運平がきて、三十円貸せとピストルでおどす。一言も返答せず。園田と林が喧嘩をはじめ、丸山が仲裁に入る。

ボツボツ子供らが「センセイ」と呼んで集ってくる。（中略）

晩七時頃、園田が暴れこんできて、突きとばされ、頬を三つ四つなぐられた。火の入った七輪を畳の上になげつけ、障子も一枚、目茶苦茶にされた。裏口から海岸へ逃げて祈る。

賀川を取り巻くスラムの環境は、世間の常識が全く通じない世界で並大抵の決意や意志で暮らせる世界ではありません。しかし、スラム入りを決意した賀川は、そこから逃げ出そうとしないばかりか、そのような底辺で暮らす人々に限りない愛情を抱いていました。そしてどのようなことが起こっても、彼らの言葉には決して逆らいませんでした。

一九一〇（明治四三）年一月二日、スラムで初めて礼拝の機会を持ちました。狭い五畳の部屋がいっぱいになるほど人々が集まってきました。翌朝、稲木という男が車引き人夫を連れて入ってきました。もらって育てていた子供が昨夜死んだが、葬式代がないのでそれをくれという。駆け付けてみると五畳の部屋に八人が住み、汚い賃借りの蒲団の中に死んだ赤ん坊を置いて、袷の着物を掛けてありました。赤ん坊の頬の肉は落ち、手は干からびた枯れ葉のようでした。死ぬことがわかっていながら、五円の金目当てに赤ん坊をもらってきていたのです。お湯とお粥を与えるうちに死んでしまったのでした。「おいたべろう」とあだなされた春日野の火葬場に運ぶのが彼の仕事です。

それから三日目の朝も、「うちの子供が死んだので葬式をしてくれ」というのを引き受けました。これも貰い子でした。行ってみると、座布団が三枚きりと兵庫帯を巻き付けて土人形のようにされていました。死体検分のため来た医師は部屋が汚いので上がろうともせず、庭に立ったまま「栄養不良じゃ」と言って、脈も取らず子供に触れることもなく帰っていきました。

この家は貰い子殺しが三遍目であると近所の人は言っていました。このような例は後を絶ちませ

んでした。賀川はそのたびに亡くなった子供のために、キリスト教の葬式をし、お金を出して弔ってやりました。

このように貰い子殺しが増えたのは、日露戦争後にやってきた不況が原因でした。貰い子殺しの常習犯がいて、当の老婆を警察に引き取るために向かいました。警察では、老婆が死にかかった赤ん坊を抱いていていました。見かねた賀川は、神学校の試験中であるのにその赤ん坊を引き取り、おしめを替え、乳を飲ませながら、「ああ、どうして世の中は不人情なんだ」と社会の堕落を憤り、教育の無力と愛の欠如を罵るのでした。

おいしが泣いて、
目が醒めて、
お襁褓《むつ》を更へて、
乳溶いて、
椅子にもたれて、
涙くる。
男に飽いて、
女になって、
お石を拾ふて
今夜で三晩、

夜昼なしに働いて、
一時《ひととき》ねると
おいしが起す。
（中略）
『ええ　おいしも、
可哀相じゃが、
私も可哀相じゃ、
力もないに、こんなものを、
助けなくちゃならぬと、
教へられた、
私……私も、
可哀相じゃね』
（中略）
『あれ、おいしも泣いてゐるよ
あれ神様、
おいしも泣いてゐます！』
（「涙の二等分」）

せっかく新しい命が生まれてきたのに、貧しくてその子供を育てることができない。わずかの金

スラムの子ども達と

を添えて貰い子に出される。添えられた金はピンハネされ、幼児は飢え死にさせられる。何という冷たい社会なのでしょうか。賀川は自分が持っていた羽織と綿入れを質に入れ、貰い子の葬式費用六円三〇銭を作って与えました。よって真冬に必要な自分の衣服にも不自由するようになりました。これは聖書にあるイエスの言葉「山上の垂訓」に従うためでした。彼は徹底してイエスの生き方に忠実に従いました。

しかし、悲惨なスラムの中でありながらも、賀川の生活には張りつめた充実感がありました。スラムで生きている人が、貧しいながらも生きるために努力している姿に感動を覚えていたのです。それは常人の域を超えた、スラムの人々への共感です。神への愛、他人への奉仕がそうさせているのです。

子供たちは賀川の家によく遊びに来ました。中には「アーメン、ソーメン」と言っていたずらをする子供もありましたが、賀川は乞食の子供たちを抱きしめて神の深い愛を感じていました。

スラムには賀川の働きを助けてくれる青年がいました。青年たちは賀川の博識と、徹底した貧民窟への奉仕の精神に魅せられていました。厳寒でも、朝五時から賀川に倣って読書をするようになりました。

賀川の生活は質素で、これらの貧しい人が救われるまでは二枚以上の衣服は着ない、肉も魚も決して食べない、という生活を送っていました。賀川の風変わりな生活を見たスラムの人たちは、「きっと、金持ちのボンボンで気がふれたのだ」とささやいていました。

この頃、吾妻通三丁目の福音印刷工場に転勤になった父親に伴い、横浜から芝家の家族が移ってきました。父親は事務関係の仕事をし、母親と娘は大きな家を借りて食事など、熟練工たちの世話をしていました。下宿人の世話をしていた娘は、工員がローマ字を読めることに感心して、働きながら学べるのであればと思い福音印刷会社で働くことにしました。その女性がのちに賀川の妻となる芝ハルです。

その工場は聖書を印刷する工場で、毎週月曜日に牧師が来て従業員に説教をしていました。ある時、神戸山手教会の牧師が若き賀川を連れてきました。牧師に紹介された賀川は、「私は新川に住む乞食の親分であります」と自己紹介をしたのでみんなはびっくりしました。

女工たちはくすくす笑いながら、「あの先生は新川の賀川先生だっせ。先生の家には乞食がおりまっせ。病気のおじいさん、おばあさんも、先生が世話しておりまんね。先生病気の人の大小便をとってやっていまっせ」と話しておりました。

いつも讃美歌の指導をしていた賀川が牧師に代わって説教をしました。賀川の説教はハルの眠っていた心を揺り起こしました。それ以来、三宮の街頭でしていた賀川の路傍説教に深く関心を示すようになりました。

明治四三年という時代は、三八年に終えた日露戦争の戦費により日本経済が極度に落ち込んだ頃でした。神戸のスラムが大きくなったのもこの頃です。

北本町二丁目は新川で最もひどい地域で、あばら家が並んでいました。傾いたあばら家のすすけた壁の部屋で一四、五人の聴衆が賛美歌を歌っているのを、ガラス窓の外からハルは覗いていました。そのハルの姿を賀川は目ざとく見ていました。

一〇月のある日曜日のこと、ハルは賀川を中心とする救霊団の人々のことを思い出し、もし賀川の話が聞けるなら幸い、と思って三宮から新川の四つ角に向かいました。生田川を渡るとそこは新川の貧民窟です。人垣の中で、賀川は例の大声で熱心に演説をしていました。ハルは後ろに隠れて聞いていました。演説が終わると賀川は、「外での話はこれで終わりますが、聞きたい人は教会でキリスト教の話がありますので、私どもについてきなさい」と言いました。

賀川は一行の先頭に立って歩き始め、やがてスラムの救霊団に着きました。すすけた壁は何か所も落ち、ところどころ破けた薄汚い部屋に、一四、五人が座っていました。やがて、賀川はオルガンを弾きながら賛美歌を歌い、説教の後には外にいたハルを見て、中にお入りなさいと声をかけました。ハルはキリスト教に熱心になっている自分に内心驚いていました。

彼女は芝居が好きだったので、芝居はよく見に行っていました。しかしこの頃は、聖書を読むようになっていました。昼は工場で働き、夜は貧民窟を訪ねるうちに、賀川が三食を一食に減らして貧民に与え、最後の一枚の着物まで脱いで与えるという行為に、ハルや青年たちは感化されていきました。ハルはついに賀川と結婚し、スラムの伝道を助けるようになるのでした。

賀川のスラムでの働きがアメリカに知れると、アメリカの実業家から毎月五〇ドルの援助金が送られてくるようになりました。

救霊団は新川で多くの事業に取り組んでいました。第一は伝道です。スラムの二軒おいた西隣の六畳を借りて教会と日曜学校を開きました。子供たちは賀川と共に縄跳び、鬼ごっこ、隠れん坊などをして、他の大勢の子供たちと遊びます。日曜学校にも昨年のクリスマス以来、大勢集まってくるようになりました。裸足で来る子供もいましたが、とても賑やかでした。大人の中にも賀川の説教に耳を傾ける人たちが増えていきました。

第二は教育です。昼間学校に行けない子供たちのために夜の学校を開きました。さらには、女の子のために裁縫学校を開きました。

第三は人事相談です。職業紹介、無料宿泊所など、スラムで困っている人たちのための事業です。賀川は説教で語っている言葉を、スラムの中で実践しました。彼はこの時ほど張り詰めた生活を送ったことはなかったと言っています。

これらの活動は、アメリカや日本の篤志家の寄付で支えられていました。アメリカの煉瓦会社ジブリー氏から送られていた毎月五〇ドルの資金が、一九一四（大正三）年三月に突然四月限りで送金を停止するとの通知があり、スラムの救済活動が困難になりました。

賀川は今まで支えてくれた煉瓦会社への感謝の報告をすると同時に、行き詰まったスラムからの救済と、労働者や農民の貧困問題をかかえたまま、アメリカに発ちました。

豊彦の旅費は、マヤス博士とローガン博士から二〇〇円用立ててもらいました。義母のミチはへそくりから一〇〇円出してくれました。賀川の幼少時代、義母ミチへの懐かしい思い出は何もありませんでしたが、義母の餞別は賀川家の倒産により、一人残されたミチを新川に呼び寄せて面倒を見ていたことへの感謝の気持ちだったのです。大阪に勤めていた弟・益慶からも一〇〇円の餞別が送られてきました。

かくして、第一次世界大戦勃発という暗いニュースの中、丹波丸に乗った賀川はついにスラムの窮状を打破するため、一九一四年（大正三）八月、スラムを武内勝と青年らに託し、アメリカのプリンストン大学に留学しました。

（5）プリンストン大学への留学

横浜を出てサンフランシスコに上陸しようとした時、トラホームの疑いで本国に送還されそうになりました。不潔な貧民窟の生活で感染していたからです。ジョージア州のアンデスという小さな町に、スラムでの働きを二年間助けてくれたジブリーという煉瓦会社の社長がいました。賀川は社

プリンストンの学友

長に今までの感謝の礼を述べて、九月一一日にプリンストンに着きました。

プリンストン大学での入学試験は「進化論に関する文献を挙げてその梗概を書け」というものでした。賀川は中学時代から進化論には興味を持ち、明治学院でも多くの書物を読んでいたので、四七冊の書物の梗概をすらすら書き上げて外の景色を見ていると、入ってきた試験官はにっこり笑い、賀川の答案に驚いてすぐに入学が許可されました。賀川の読書狂の真価がこの時発揮されたのです。

こうして、プリンストン神学校とプリンストン大学の両方に出席を許されることになったのです。プリンストン大学はアメリカの有名大学で、同じ時にのちの世界的文豪となったロマン・ローランもいました。賀川は大学で心理学や生物学を主に研究しました。神学は日本ですでに勉強していたこともあり、二年でB・Dの学位を取得しました。四年かかるB・Dの資格を二年で取ると大学の奨学金が打ち切られました。

プリンストン大学での最初の夏休みではニューヨークに出て仕事を探しました。しかし欧州戦争の影響から日本人を雇ってくれる所はありません。二年目の冬休みは、バージニアに帰国していたマヤス博士の所でクリスマスを送りました。一方、神戸にいた義母のミチが、徳島に帰り赤痢で死んだと知らされました。

一九一六年八月、ニューヨークの貧民窟に足を向け、ニューヨークの雑踏を眺めながら、ニューヨークの貧民街も新川と変わりないと感じていました。そして偶然にも、六万人の労働者のデモ行進に遭遇しました。「パンを与えよ」と労働者自らがプラカードを掲げて進む姿に賀川は感動して涙を流しました。その時、賀川は日本に帰ったら労働組合の活動から始めることを考えていました。

同年一〇月、帰国の旅費を稼ぐために、ユタ州オグデンの日本人書記として働くことになりました。オグデンはモルモン教徒の開拓した小さな町です。そこにはモルモン教徒と日本人労働者が働いていました。モルモン教徒の小作人と日本人とが小作人組合を作って甜菜《てんさい》（砂糖大根）の値上げを要求していましたが、日本人とモルモン教徒は仲がよくありませんでした。賀川は両者を団結させて資本家に当たることを教え、ストライキを起こすことになりました。ストライキは成功し、賀川は一〇〇ドルの謝礼金をもらい、これで帰国の旅費ができました。

一九一七（大正六）年五月、二年九ヶ月ぶりに賀川は日本に帰ってきました。

第四章　再び神戸のスラムに

（1）労働運動の第一線へ

一九一七（大正六）年五月四日、賀川は横浜で学んでいたハル夫人の出迎えを受け、神戸の新川に帰りました。

帰国しても、厳しい新川スラムの現実に変わりはありません。中でも、以前スラムに住んでいた子供たちの変化は賀川を悲しませました。不健全な店や料理店に売られた子や、スリの子分になって監獄に送られた子供たちがいたからです。

武内勝が受け継いだイエス団の仕事は、青年たちの協力で以前にも増して活気を帯びていました。路傍伝道も盛んでした。夜間学校も開いていました。青年たちは武内の提唱で給料を持ち寄り、キリスト愛の共産生活を始めていました。

欧州大戦の余波で、神戸が日本一の成金都市になっているのに、工場や沖の荷揚げで怪我をした労働者は十分な治療もされず、手当金ももらえないまま貧民窟に流れ込んでいました。貧民窟は社会主義の時代が来たとしてもなくなるとは思えませんでした。スラムの貧しい人々にどれだけ慈善的事業を施しても、今日の貧民をなくすことが不可能であることを賀川は感じていました。

アメリカが第一次世界大戦に参戦したのは、賀川の日本帰国直前の四月六日でした。アメリカはそのために鉄の日本への輸出を禁止したため、日本の鉄工所や造船所で働く労働者の生活に大きな影響を与えていました。友愛会はこれに抗議するために、九月九日に集会を開きました。会長の鈴木文治は「米鉄禁輸事情」について講演をし、賀川は「鉄と筋肉」と題して講演しました。

そもそも友愛会は、吉野作造の導きにより、キリスト教徒の鈴木文治が一九一二（大正元）年、東京大学在学中に本郷弓町教会の機関誌を手伝っている時に、労働者の地位改善を目指して創設した組織です。同年八月一日に一五名の同志でスタートしました。友愛会は労働者のために次のような目標を掲げました。

①互いに親睦し一致協力して相愛扶助の目的を貫徹せんことを期す
②公共の理想に従い、識見の開発、徳性の涵養、技術の進歩を図らんことを期す
③共同の力により着実なる方法を以て労働者の地位の改善を図らんことを期す

第一次大戦（一九一四〜一八年）の影響で、日本社会は労働力の不足と物価暴騰により各地で労働争議が起こり、友愛会は急速に成長を遂げました。一九一七（大正六）年には神戸、大阪に連合会が生まれ、翌年には会員は三万人にも増加しました。賀川がアメリカの留学先から帰国した時の日本の社会情勢は、社会の下位に置かれていた労働者の地位を見直そうとする機運に満ちていました。また、一九一七年のロシア革命は、日本の社会主義者たちに大きな影響を与えました。

一九一八（大正七）年八月には富山県で起きた「米騒動」が瞬く間に全国に波及していきました。神戸でも新川の住民が他の住民と共に米屋を襲って放火したり、酒屋を襲い、酔っぱらって暴徒化するという事件がありました。社会にたまっていた労働者たちの鬱積が一気に爆発したのです。

帰国後一年半ほどの期間に、賀川は「日本における防貧策としての労働運動」という論文を発表していましたが、貧民階級をなくすためには今日の慈善主義では不可能であると感じておりました。さらに賀川は、労働者たちの劣悪な環境を分析して、職工自身の自発的努力と工場主の改善の必要性を感じて、労働組合の組織作りに尽くしました。川崎造船所、神戸製鋼所などがある神戸でも、一九一七年には友愛会神戸連合会が組織され、会報「新神戸」に賀川は毎号、労働者の団結の必要性を訴え、啓蒙しました。

今日の労働者は生存すら脅かされている。富の分配の不均等は、日本ほどひどいところはない。労働者の乳児は中産階級に比べて五～六倍も多く死ぬ。今日の資本家と機械文明は、われらに貧民街と伝染病を与えた。資本家の馬は馬丁と獣医が付き大切にされているが、貧民窟の子供には馬丁も獣医もなく、馬並みの待遇も与えられない。新しい文明は、働くものに労働権と生存権を保証するところから始めなければならない。

（「新神戸」一九一八年一一月一五日）

これからの労働運動の課題として、

一、純経済運動として政治運動と絶縁して社会主義や無政府主義と混同しないこと。

二、ストライキの権利を政府が認めること。

三、労働問題の解決のため、国から監督を受けることなく労働裁判によって解決を得ること。

などを挙げ、労働者の経済生活の改善を主張しました。

賀川はその後、友愛会関西労働同盟会理事長になって、日本で起きた最大の川崎・三菱造船所の労働争議を指導しました。争議の結果は政府の弾圧で敗北に終わりましたが、労働者の結束と労働者自身が立ち上がったという点で大きな意味があったといわれております。ところが、労働者と資本家が激しく対立する中で、穏健な賀川を中心とする友愛会は、無政府主義者や社会主義者等過激な人たちから、運動が生ぬるいと批判され、やがて労働運動からは退くことになります。

(2) 無料診療所を開設

一九一七(大正六)年、賀川の留学中に武内勝らは二階にある小さな部屋と二つの広間を用いて、イエス団無料診療所を開く計画を立てていました。運営資金は知人の福井やキリスト教信徒の医師の協力で、「イエス団友愛救済所」と名付けた無料診療所ができました。

賀川ハル夫人も横浜共立神学校を終えて帰ってきました。スラムは衛生状態が悪く、トラホームの患者が多くいました。ハル夫人は路地から路地をその治療に回っていたので、本人は悪性の眼病に感染して、左目が夜になるとうずいて眠れないほど悪化しました。当時の大阪毎日新聞には、「貧民窟の女神、賀川夫人失明す」という見出しで、「貧民窟の老女が泣いて回復を祈り、賀川氏も看護に務めたが、絶望と宣告された」と報じられています。

スラムには病気に罹りながらも、病院に行かれない多くの病人がいました。

神戸のスラムで貧民救済の活動をしている賀川のことを聞いて、新川の実情を見に来た医師がいました。徳島の若林病院に勤めていた、馬島僴《まじまゆたか》というクリスチャンの医師で、彼も同じくトルストイのファンでした。賀川の働きに共感した馬島は一ヶ月後、家族と共に新川に移ってきました。彼は賀川の期待に応えて、「医は仁術」なりとして、貧富による差別をせず、権力におもねることのない、豪放で人情味溢れる医師でした。彼は瞬く間にスラムの人々の心をつかみ、診療所は馬島の働きによってますます繁盛しました。しかも経営は株屋の吉田栄蔵、実業家の福井捨吉、大佐古武吉、山本顧弥太らによって支えられました。

イエス団友愛救済診療所での馬島医師

（3）労働者の地位向上のために

労働者の生活が苦しくなると、一〇〇〇〇人の労働者たちが隊列を組み、「選挙権を与えよ」のプラカードを高く掲げ、堺筋を天王寺へと行進しました。先頭には衆議院議員の尾崎行雄、今井嘉幸と賀川豊彦の三名の姿がありました。この運動より二五日前の一九一九（大正八）年一二月二四日には、大阪中央公会堂で第一回演説会を持ち、労働者の権利を訴えました。

「金銭によらず、因襲によらず、自主と自由に醒めたる労働者は選挙権を要求す。われらは人格者である。人格者たるわれらが選挙権を要求するのは当然である」

日本の社会から貧民をなくすためには、まず労働者の地位の向上を図り、失業をなくし、病気と工場傷害から労働者を守り、社会的落伍者がないようにしなければならない。そうでなければ日本社会から貧困をなくすことはできないと賀川は考えたのです。

この関西の運動は全日本的規模の運動となって発展しました。

大正という時代は日清・日露戦争を通して日本の資本主義がさらに発展した時代です。しかし、大戦の好景気の一方で、生活困窮者も増大しました。それに伴って、物価の高騰に耐えられなくなった労働者の中から、購買組合活動や労働運動への高まりが出てきました。消費者と労働運動の結びつきを考えていた賀川は、法学博士でもある今井嘉幸らに相談して、消費組合共益社の組織を作りました。労働者にも数百名の賛成者が生まれ、会長には今井嘉幸博士、理事には賀川豊彦、西尾末広らが当たり、賛同者は一三〇〇人にまで広がりました。

アメリカから帰ってきた賀川は、アメリカで見た労働運動から大きなヒントを得ていました。貧民窟をどれだけなくそうと努力しても、慈善的な事業ではどうにもならない。労働者の地位を高め、その生活向上を図ることから考えなければならないと思ったのです。

第一に、スラムの労働者は病気になると働けなくなる。

第二に、世の中が不景気になれば一番先に失業者となる。

第三に、生活の不安を紛らわせるために賭博と飲酒で快楽にふける人間が多くなる。

この貧困から労働者を解放するためには、労働者自身の自覚とその地位向上が必要でした。

第一次世界大戦が終了した翌々年の一九二〇年になっても、不況と経済恐慌はよくなりません。阪神地方の機械・造船の大企業は閉鎖し、労働者の減給、解雇が相次ぎました。労働者と資本家との争議は大阪から神戸にも広がりました。

川崎造船所では会社の夏期手当が減額されたことに憤慨した労働者が、団体で会社に交渉する権利を要求しましたが、会社はことごとく拒絶しました。

こうした険悪な空気の中で、ついに三菱・川崎神戸造船所の三万人の労働者がストライキに突入しました。一九二一（大正一〇）年六月二五日～八月九日まで行われた、第二次世界大戦以前の争議としては日本最大のものでした。当日の総指揮者は久留弘三です。参謀の賀川豊彦、野倉万治、伊藤友次郎は白シャツに黒のネクタイをつけ、赤縁の白布に「参謀」と赤い筆で書いた襷をつけていました。デモ行進が大通りに差し掛かると、両側の民家からは、家ごとに砕いた氷を桶やバケツ

デモの先頭に立つ豊彦

に入れて、入り口で職工たちに配りました。ある家では飴湯やサイダーでもてなす人もありました。このストライキに市民は非常に好意的で、抗議デモは大成功に終わりましたが、組合の要求は拒否されました。労働者の団結を恐れた経営者側は、暴力革命が起こるかもしれないことを察知し、一〇日から一四日間の休業をしていました。警察は、舞鶴軍港から二〇〇名の水兵を出動させるほどの危機感で、争議の混乱に備えていました。七月二九日、生田神社に集まった労働者は再び三菱・川崎造船所に向かい、ついに労働者と警察官は衝突し、流血の結果幹部一七五人は検束されました。

争議は表面的には敗北しましたが、労働者の連帯によって大きな力が示されたことは、労働者の解放につながるものであったと賀川はのちに回想しています。

この争議の敗北により労働組合の幹部は大きな損失を受けましたが、賀川はこの争議の後始末に、『死線を越えて』から得た莫大な印税収入の大半を組合幹部に分けました。

（4）著作家としての働き

賀川は中学生の頃から盛んに文章を書いて発表していました。五年生の二月には徳中同志会発行の機関誌『渦の音』に「武装せる蟹」という論文を発表しました。同じ年にイギリスの作家ラスキンの『胡麻と百合』を翻訳し、徳島毎日新聞に発表したのは先述した通りです。

明治学院に入った夏休みには、「世界平和論」を徳島毎日新聞に連載しました。二〇歳で『死線を越えて』の原型となった「鳩の真似」の執筆を契機に、執筆内容も多方面に及びました。賀川の伝道を助けた黒田四郎牧師は、賀川の活動を三期に分けています。作品のごく一部だけを挙げておきます。

第一期　徳島中学時代から米国留学までの初期の時代（一九〇五～一九一六年）
「武装せる蟹」「鳩の真似」、子供のための「友情」「予言者エレミヤ」など。

第二期　日本の社会運動の指導者となった時代（一九一七～一九三四年）
雑誌「中央公論」には関東の吉野作造博士、関西からは「改造」に賀川が時代をリードする論文を発表。『死線を越えて』『空中征服』『一粒の麦』など。

第三期　世界の指導者として（一九三五年～一九五八）
『世界平和への道』『友愛の経済』『魂の彫刻』『尽きざる油壷』『空の鳥に養われて』『永遠の乳房』などを発表。

出版された多数の著作

※賀川は中学生時代から翻訳書も出しています。このほか外国だけで出版されている講演録や著書も多数あります。現在の賀川豊彦全集は武藤富男が中心になって二四巻発刊されていますが、その手元には更に一二巻余りの著書が残ったままとなっています。

賀川はキリスト教界における世界最大の伝道者で、特別の理論と神学観を持ち、その著作も膨大なものになっています。ことに戦後、世界連邦建設に尽くしたので世界や国家に関する論文が多くあります。

いずれの作品も、その根底には崇高な精神と、弱き者への美しい宝石のような愛情が随所に輝いています。賀川の活動のすべてが、命を懸けた貧者への働きであるだけに、読者を無条件に惹きつけます。

スラムにいた時に詠んだ「涙の二等分」という詩があります。死にそうな赤ん坊を引き取って育てた体験に基づいて書かれた作品です。当時最大の歌人である与謝野晶子は賀川の作品に長い序文を書いています。

（前略）

私はまた、一面に矯激な突撃性の持主である賀川さんが、一面にまた春の日のやうな平和な感情を豊かに持って居られることを嬉しく思ひます。それが人間に対すると同じく、自然に対してもよく現れて居ます。

まあ！
花の髄から
神様が覗く

私は冬籠りの
煤けた面を
とうとう神様に見附けられた。（「絶滅」の一節）
（中略）
猶、賀川さんが現実に対する不満と、それを改造しようとするヒウマニテの精神とは、この詩集の随処に溢れて居ますが、私は其等のものを説教として出さずに芸術として出された賀川さんの素質と教養とを特になつかしく感じます。
（中略）
私は最後に、この詩集が、あらゆる家庭に、教場に、事務室に、工場に、乃至街頭に於ても読まれることを祈ります。太陽が何人をも暖めるやうに、賀川さんの詩は愛と平和の中に何人をも率直に還します。（後略）

大阪毎日新聞社の記者村島帰之《よりゆき》は、雑誌「改造」の山本社長にアメリカから帰った賀川豊彦を紹介しました。賀川の生き方に感銘を受けた山本社長はスラムに賀川を訪ねて話し、小説『死線を越えて』を「改造」に掲載することにしました。作品が発表されると初版五〇〇〇部はたちまち売れ尽くし、出版二ヶ月ならずして一六版を売り尽くしました。各新聞社は競って長文の書評を載せ、たちまちのうちに世界一三か国で翻訳され、賀川の名声はますます世界的に高まりました。それに伴って、作者のもとには莫大な著作権料が入りました。

『死線を越えて』には、賀川が三河の漁村で転地療養をしていた時、訪ねる人もない孤独と寂寥の中で、小説を書くことによって自らを慰めようとしたとあります。自炊をしながら、古雑誌の上に書き綴ったのがこの自伝的小説でした。

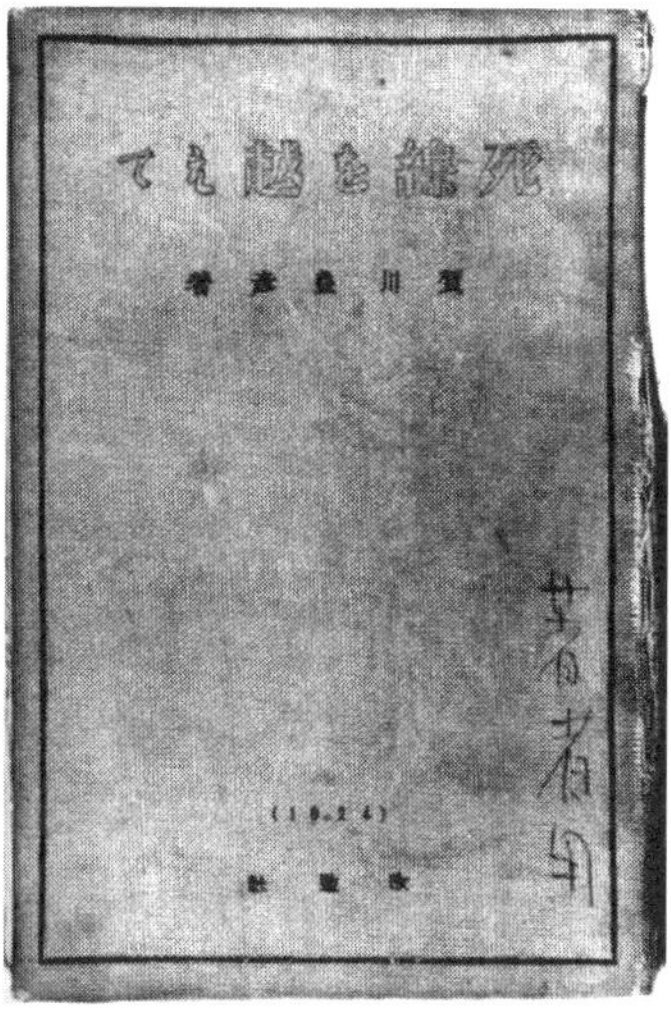

『死線を越えて』

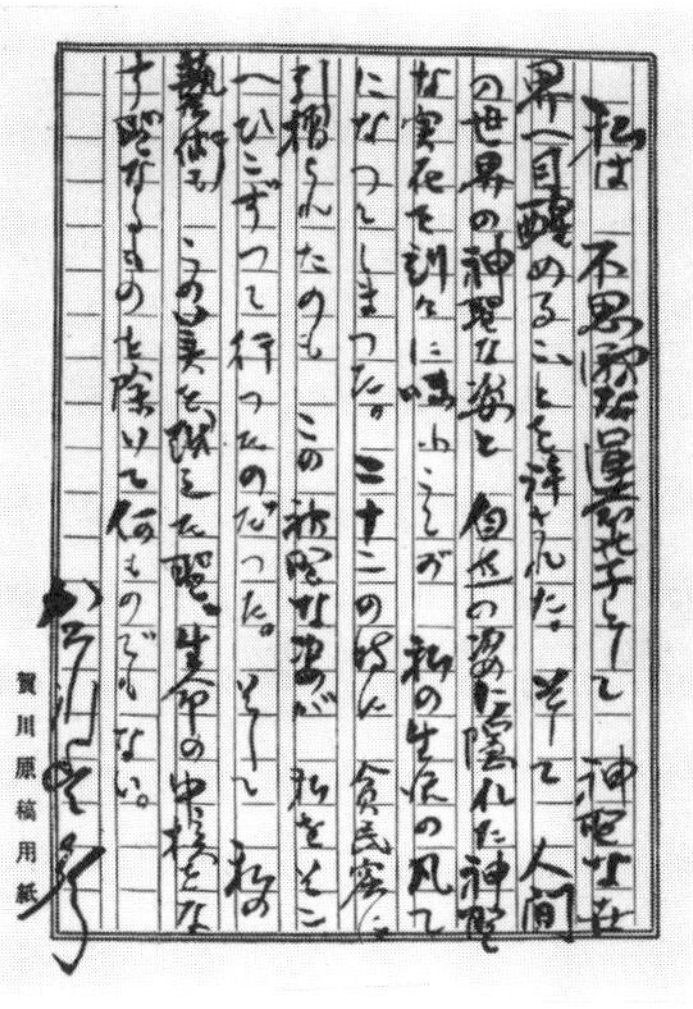
私は　不思議な運命に導かれて　神秘な世
界へ目醒めることを許されたが　そして　人間
の世界の神聖な姿と　自然の深みに隠れた神聖
な実在を刻々に味ふことが　私の生活の凡て
になってしまったが　二十二の時に　貧民窟に
引摺られたのも　この神聖な力が　私をそこ
へひきずって行ったのだった。　そして　私の
藝術も　この真を味へた聖い生命の中核をな
すべきものを除いて　何ものでもない。
賀川豊彦
賀川原稿用紙

『死線を越えて』の序文

不遇な運命のもとに生まれた主人公が、奇跡的に生きてきた自分の足跡を振り返ります。作品の舞台は明治学院から始まり、郷里徳島の少年時代、神戸の回漕店へと移ります。出来上がった作品を「鳩の真似」と題して、すでに小説家として有名になっていた明治学院の島崎藤村に見てもらいに行きました。

当時賀川はまだ明治学院の予科を出たばかりの、二〇歳の無名の青年でした。賀川の原稿をぱらぱらとめくった藤村は、一人の文学志望の青年に過ぎないと思ったのか、青年を軽く扱いました。藤村のその態度に、賀川は強い不満を持って帰りました。数日後、藤村からは「これはあなたの出世なさるまでかごの底に秘めておきなさい」という手紙を添えて原稿が送り返されてきました。作品の最初の部分に未熟なところがあるのは賀川自身も認めていましたが、この時、藤村はこの作品が世間を驚かすベストセラーになるなど想像もしていなかったでしょう。

『死線を越えて』の作品が世に出たのは、藤村を訪問してから一二年後の一九二〇（大正九）年でした。小説が出版されると、この作品は爆発的に売れました。当時の新聞は作品を熱狂的に報道しています。

「社会改造に全身を投げ出した青年が、炎のごとき恋の苦悶を排し、炎々たる火ごとき恋の苦悩を排し、とうとうとした唯物主義の世相を痛憤し……。神戸貧民窟に捧げた我が国唯一の貧民強化の体験者で、その物語は、作中の失恋思想家を彷彿させる」

「明治、大正にわたって、本書ほど多大の感激を与えた小説はあるまい……」

「『私は人間を愛する。人間を崇拝する』と栄一はいう。この人間性に対する無限の愛と信頼とは、まことに聖者の心である……」

『死線を越えて』の圧倒的な人気とは別に、日本の文壇の一部からは厳しい批判もありました。しかし、海外では圧倒的な人気でした。

『死線を越えて』の著作権料は、ストライキで逮捕された家族の生活やイエス団救済所の治療費や農民組合の創立、大阪労働学校の開設など、すべて社会運動のために使われました。その印税収入は現在のお金に換算すると一〇億円をはるかに超えるといわれています。賀川はそれでもスラムに住んでいました。印税収入の噂を聞いたスラムに住む人の中には、賀川を脅迫したり、金銭をゆする者さえありました。

『死線を越えて』の爆発的な売れ行きから、「ベストセラーズ」という言葉ができたといわれています。そして売れ行きが一〇〇万部に達する頃には、文壇からの厳しい批評は収まり、大新聞も激賞するようになっていました。

（5）悲惨な小作農家への愛情

激しくなった労働運動から身を退いた賀川でしたが、早くから農村の貧困問題に心を痛めていました。賀川は幼年時代、板野郡堀江村（現在は鳴門市大麻町内）の大庄屋で過ごしてはいたので、農村の厳しい生活はよく知っていました。当時、農村の大地主は多数の小作人を抱え、高い小作料を取っていました。賀川は村の新年会などに地主として出席するのが嫌だったと述懐しています。

地主と小作との関係は、企業の経営者と労働者の関係に似て、小作農家は地主からどれだけの小作料を要求されても逆らえない、弱い立場にありました。

日本社会が近代化するにつれて、農村から都会に働き手が移っていきますが、一度社会が不景気となり職を失うと、労働者はスラムに落ちるなど再び立ち上がることは困難になります。神戸新川のスラムもこのようにして大きくなったのです。

神戸の賀川回漕店は兄・端一の放漫経営により倒産し、徳島の賀川本家もその影響をもろに受けました。豊彦はかつての金持ちのボンボンの生活から、授業料の支払いも苦労するどん底の生活に落ちていました。小学校から中学校時代にかけては、ノートを一冊も買えないほどの貧困に陥りました。それだけに彼は底辺で暮らす農民の苦しみが痛いほどわかるのです。

東北地方の農村で、伝道の傍ら農村問題に熱心に取り組んでいる杉山元治郎牧師の存在とその働きを雑誌『雄弁』で知った賀川は、さっそく杉山と相談して農民運動を始めることにしました。一九二一（大正一〇）年の秋、国際連盟（ＩＬＯ）の大会で「農業に従事する者」に認められることが決議されたのをもって、杉山と農民組合を立ち上げたのです。

泉佐野の兼業農家に生まれた杉山元治郎は一九二〇（大正九）年、大阪府からの補助を受けて、

日本農民組合創立大会

大阪府立農学校を卒業し、和歌山県農業学校の技手となりました。それから彼は東北学院神学部に入り、牧師を志しました。神学校は卒業したが、東北でのキリスト教伝道だけでは生活ができないので、農業の知識を生かしながら生計を立てていました。ところが、農業で優れた成果を上げるようになると、全国から農村の子弟が集まり、彼らに学問と農業技術を教えることになりました。しかし農民と共に始めた干拓事業が成功すると、地主が過分の小作料を要求してくるようになりました。彼はそこから、農民の小作問題に関与するようになったのでした。

このような働きの中から、賀川と杉山は一九二二（大正一一）年四月九日、神戸キリスト教青年会館で日本農民組合を立ち上げたのです。議長には杉山を選び、会の運営と綱領、宣言文はすべて賀川が作成しました。

宣　言

農は国の基であり、農民は国の宝である。日本は未だ農業国である。国民の七割は田園に居住し、またその七割は小作人である。然るに積年の陋弊は田園に充ち、土地兼併（人の土地や財産を取る）の悪風漸く現れ、田園も遂に資本主義の侵略するところとなり小作人は苦しみ、日雇人は嘆く。茲に我等農民は互助と友愛の精神を以て解放の途上に立つ（後略）

農民は限られた土地から多くの収穫を求められ、地主は農民に多大の犠牲を強います。農民は飢饉が来れば、娘を人身売買や人質として差し出すなど、否応なく持てる者の要求に応じなければならないこともありました。

賀川が労働者の自立を促したように、機関誌「土地と自由」を杉山たちと創刊して農民たちを啓蒙しました。第三回目の大会には全国二万五〇〇〇の組合員、代議員四一一名にまで組織は拡大しました。

当時の農村で、地主と小作人の生活は今では想像もつかないほど隔絶したものでした。例えば、教育では小作人の子供は小学校止まりなのに対し、地主の子は高等小学校に上がれました。そして、旧制中学や高等女学校に進むのは地主の子に限られていました。毎年、人買いが紡績会社からやってきて、小学校を出たばかりの女の子を雇い入れます。一度紡績会社に入れば、どんなに辛くても塀が高くて逃げられないというのが当時の女工の地位でした。

杉山や賀川にはこのような農村社会の封建的悪習を見逃すことはできません。賀川は農村の生活を改善し、農民の教養を高めるために、農民の娯楽と教養雑誌として「家の光」の発行に協力し、そこに多くの作品を掲載しました。農村問題の解決は農民解放、つまり、人間としての農民の主権回復以外にはないと考え、冬季の休閑期には農民学校を開きました。

一九二七（昭和二）年二月、兵庫県の瓦木村《かわらぎ》（自宅）で農民福音学校を初めて開きました。賀川が校主で、全国農民組合長の杉山元治郎が校長でした。農民福音学校はデンマークのグルントヴィの国民学校に倣ったものです。封建的で保守性の強い日本の農村で、キリスト教精神に立った三愛主義を育てることが目標でした。三愛主義とは「神を愛し、土を愛し、隣人を愛する」というものです。

農民福音学校は二月一一日に開校し、三月一一日までの農閑期一ヶ月間に、全国の農村から一〇名あまりの農家の長男を集めて始めました。内容は聖書の知識はもちろん、歴史、農村社会学、農業技術、農家経営など、あらゆる方面にまたがっていました。賀川は農民学校の生徒たちと共に食事をし、風呂にも共に入るというシステムでした。このような学校は全国の数か所で開かれ、徳島でも阿波農民福音学校として、板東の船本牧舎で開かれていました。

農家の教養雑誌「家の光」に連載された『乳と蜜の流るる郷』

全国の農民福音学校からは優秀な人材が出ました。御殿場の農民福音学校からは高崎ハム工場の初代工場長として招かれた勝俣喜六が、埼玉からはリズム時計を興した人などがいます。ここで育った人はいずれも賀川の三愛主義の精神に立った、優れた農業経営や技術を実践した人たちです。

一九二〇年代の労働組合運動に携わる頃から、賀川の行動・言動は絶えず警察の監視下に置かれていました。後年、ついに一九四〇（昭和一五）年八月には、松沢教会の礼拝説教の後に逮捕されました。それまでもしばしば拘留されたことはありましたが、一九四〇年にアメリカ向けに作られた宣教師のタッピングが編集した、賀川カレンダー「中国の同胞に　―日本の罪を許してください―」という上海での言葉が直接の原因になったようです。賀川はそれ以来、特高の監視が厳しくなり、瀬戸内海の豊島に軍部から幽閉状態に置かれていたといわれていま

一麦寮

す。

その豊島でも、農業技術者として賀川を助けた藤崎盛一が、一九四七（昭和二二）年に家族で移り住み、農民福音学校を開校しました。

この福音学校は日本国内だけでなく、台湾、韓国、ブラジル、北米、カナダ、デンマークにまで拡げられました。

⑹ 協同組合を組織

賀川は日本の協同組合の基礎を作った「協同組合の父」ともいわれています。

その根底には、すべての人が互いに協力し、支え合って生きるという友愛互助の思想があります。一八四四年イギリスのロッチデールで起こった相互扶助的な組合に倣ったものです。職工たちが少しずつ出資金を出し合って組合を作り、組合員がその金銭的利益を共有するのです。それは経済的に生活が保証され、互いに信頼し、支え合って生きるための組織です。その考えに立って、賀川は様々な形の協同組合を作りました。
・生産者の組合――農業協同組合、漁業協同組合など
・消費者組合――「コープこうべ」、大学消費組合などの地域別協同組合
・信用組合――中小企業の信用組合、農業信用組合など

・その他――――医療生協、健康保険組合、共済組合など

日本の医療制度が世界的に発達しているのは、賀川の優れた共済組合の働きがあったからです。

つまり、協同組合の原点には、賀川の常に生活に苦しむ人々の救済と互助の精神が貫かれているのです。

(7) 関東大震災でボランティア活動

一九二三(大正一二)年九月一日午前一一時五八分、マグニチュード7・9という史上まれにみる関東大震災が相模湾海底を震源として起こりました。家屋全壊一二万八〇〇〇戸、焼失四四万七〇〇〇戸、死者・行方不明者二〇万六〇〇〇人余り、全被災者三四〇万人という大被害でした。

翌日、新聞の号外で地震の報道に接した賀川は、神戸のキリスト教会と連絡し、その日のうちに神戸から船で横浜港に向け出港し、三日の夜には横浜に着きました。火災の勢いが強かった横浜の惨状は悲惨なもので、まるで廃墟のようでした。

朝鮮人が反乱を起こすというデマや、左翼分子が革命を起こすとかの噂が飛び交い、町には物々しい警戒態勢がしかれていました。横浜から東京まで、汽車が動いている所は汽車に乗り、汽車の通らない所は徒歩で向かいました。品川駅で降りて明治学院に立ち寄りました。朝鮮人を守るため、明治学院の友人中山昌樹に様子を聞きに行きました。翌日は歩いて東京市連合の臨時震災救済

事務所に着きました。そこで必要な物資を調べ、神田青年会館に立ち寄り、友人たちを励ましました。賀川は荒廃した東京に立ってこのままでは東京はスラムになると、半狂乱の状態になりました。

再び横浜から材木運搬船で神戸に帰り、パニック状態のまま大阪、神戸、中国、四国、九州を義援金集めに奔走しました。その頃は、現在のように全国的な救援体制は整っていません。賀川は七五〇〇〇円の義捐基金を持って、一〇月七日には再び東京に向かいました。

一〇月一六日には布団、綿入れの着物、雑誌、下駄などの物資を四〇袋に荷造りして、イエス団の同志四人と本所松倉町に運びました。本所松倉町二丁目の婦人矯風会館焼け跡には、アメリカ赤十字から日曜学校協会に贈られてきたテント五張りを立て、救援活動の本部としました。本所では基督教産業青年会が中心となり、東大セッツルメ

関東大震災の拠点となったテント

ントの学生や早稲田の学生などと協力して救済活動を行いました。賀川のこれらの救済活動が、日本における「ボランティア」活動の始まりといわれています。その後も、賀川は本所にバラック建ての診療所や、託児所、人事相談所など、地域に必要な組織を立ち上げました。

しかし、復興活動はなかなか進みません。賀川は行政と交渉して震災救援のための打ち合わせ会を発足させました。一九二四（大正一三）年四月には、内閣の設置した審議機関「帝国経済会議」の社会委員に任命されました。不良住宅地区改良法案が国会を通過したのも、賀川の提案によるものでした。本所基督教産業青年会の取り組みが評価され、同年、国と協調する形で労働者のための簡易宿泊所などが造られました。

このように、賀川が関東大震災活動の拠点とした本所には、本所基督教産業青年会（地域のコミュニティーセンターとしてのセッツルメント*）、東駒形教会、光の園保育学校、江東消費組合、中の郷質庫信用組合などが設立され、震災救援が一段落した後も、長く周辺住民の自立と協調を支援する諸施設として活動が続けられましたが、太平洋戦争中の東京大空襲ですべてを焼失しました。

しかし、戦後復興された東駒形教会、光の園保育学校、財団法人本所賀川記念館は今も活動を継続しています。

*セッツルメント　貧民街に住みながら、そこの住民と共に生活の向上を図る社会運動

第五章　世界平和の使者として

（1）労働者の権利と絶対平和を求めて

神戸の貧民窟をはじめ、社会の底辺でうめいている人たちに、持てる力のすべてを投じた賀川の姿は、宣教師を通して世界各国に伝わりました。一九二〇年に出版された自伝小説『死線を越えて』はさらに彼の名声を高めました。スウェーデンからは、シュバイツァー、ガンジー、賀川豊彦を世界の三聖人とするとの評価が広がりました。一九三二年にウィリアム・アスキリング（一八七三〜一九六三年）が、『賀川豊彦伝』の中で先の三人を世界の聖人として紹介しております。しかし、この書物は日本で出版されることはありませんでした。

一九二四年一一月二六日、すべてを神に捧げる賀川は、自分の健康を気にしながらも、雲水の旅に出ました。横浜の波止場にはイエスの友の一団が別れの賛美歌を歌って見送りました。

わが魂をあいするイエスよ
波はさかまき風吹き荒れて
沈むばかりのこの身を守り
天の港にみちびき給へ

一二月四日の午後にハワイに着き、ホノルルに上陸しました。ホノルルに六日間滞在し、地元、當山社長のプログラムに従い、二二回の講演をしました。そのうち五回は英語で行いました。日曜日には八回も講演をしたためすっかり疲れてしまいました。

当時のハワイでは、フィリピン人労働者のストライキが八ヶ月以上も続いているフィリピン人の運動を応援するためです。彼らの賃金は不当でアメリカの労働者のわずか八分の一で、生活は極度に窮迫していました。賀川はフィリピン人労働者を励まし、労働者にテントや資金を贈って激励しました。翌日の新聞には「過激主義者、賀川」というタイトルで賀川を罵倒する記事が掲載されました。

一二月一六日にアメリカ西海岸に上陸すると、排日移民法で志気の落ち込んでいる日本人を励まし、毎日三、四回講演をして一〇日間走り回りました。

カリフォルニアの古い都、モントレーでの太平洋岸学生大会では一週間続けて数回の講演を依頼されていました。海岸の砂丘で数人の学生と非公式に語った非戦論が、学生に思わぬ反響を呼び、三日目の午後には大講堂で「無抵抗主義の哲学」について講演することになりました。それに賛同した八〇名の学生が絶対平和論者であることを宣言しました。その場で無抵抗主義者となる者も出ました。大学の軍事訓練から脱退する者も出て、大学側は慌てて予定していた大学での講演を中止することにしました。そのほか、カリフォルニア大学、ポモナ大学でも講演をしました。

一月二八日、ワシントンの北米伝道大会では五〇〇〇人が集まり、排日問題を取り上げ、人権論者の立場から、アメリカ人への反省を求める講演を行いました。排日問題と絶対平和主義に対する賀川の強い言動はアメリカ人の一部の人々を怒らせました。しかし、平等と平和を求める大多数のアメリカ市民からはそれ以上の強い支持が寄せられ、会場は非常な熱気に包まれました。

旅の疲労が重なり、ニューヨークに着いた頃には、五本の指も見えないほどに目を悪くし、ついに入院をすることになりました。しかし少し良くなるとまた講演です。

アメリカは一年に七〇〇〇万円の金を使って、三万人の宣教師を外国に派遣しながら、その一方では排日移民法を成立させ、軍備を拡張している――その姿勢を賀川はひどく批判しました。

(2) ラスキンとウェスレーの国イギリス

アメリカからイギリスに着くと、リビングストーンの墓の前に立って「われらの愛は、余のいと小さきもののためにも注がれねばならぬ」といった言葉を思い出して、墓の前で賀川は涙が止まりませんでした。彼はしばらく目を閉じて祈りを捧げました。また、トインビーやラスキンの足跡を訪ねたり、労働党の党首マクドナルドとも対談しました。

賀川はキリスト教の講演と同時に、労働組合、消費組合や各種の社会事業の研究にも余念がありませんでした。貧民生活だけでなく、社会運動、失業保険、奴隷解放、日曜学校など、すべての問題はジョン・ウェスレーの影響によるところが大きかったのです。賀川はウェスレーの墓の前に立って、あらためてその思いを熱くしました。

フランスでは一〇日間滞在し、さらに、ベルギー、オランダ、ドイツへと旅を急ぎました。

ドイツでは青年の素晴らしい運動が生まれていました。キリスト教青年会が勤労しながら学ぶ学生を助けていました。その数は一〇五〇名にもなっていました。その青年運動はドイツ独特のもので、マルキストもキリスト者で信仰的なメンバーもいました。青年指導者のシュルツは、ドイツが新しく立ち上がるためには青年の力が重要であると語りました。

五月一三日にはデンマークに入り、コペンハーゲンの国立教会の講堂で講演をしました。若い教授が賀川に、「デンマーク政府は海軍を全廃し、陸軍を三千人に縮小して、国費の大部分を国民教育に当てているから人格教育ができるのです」と語りました。

賀川は帰国すると、前述のようにデンマークの国民教育に似せて日本の各地で農民福音学校を作ります。デンマークの学校では、午後二時になると学生や近所の農民約一五〇〇人が、裏の栗林に賀川の話を聞くために集まってきました。賀川はその人たちに向かって語りました。

戦争の後には、いつも宗教的危機がある。あなた方が持っている宗教的情熱を、全欧州に宣伝する必要があります。欧州は今疲れています。人々は愛と慰めを要求しています。デンマークの野原は信仰の培養所です。

（中略）

デンマークの農村が今日のように善くなつたのは、全く宗教のお蔭です。

（中略）

今より約七十年前、デンマークの宗教界が行詰つてゐた時に、ベッグは殆どグルンドウイヒと同じ時に、デンマークに於ける一大宗教革新運動を起したのです。（中略）毎年五百万円以上の金を、社会事業の為めに使つて居ます。即ち農民の為めには、農民学校を設け、労働者の為めには工手学校を、海員の為めには、全国に二十四ヶ所の水夫館を、そして街々には――どんな片田舎の小都会に至る迄――ミッション・ホテルのない処は無い位、（中略）人民の純潔の為めに戦つて来ました。

私は、デンマークの生活にこのウイリアム・ベッグの感化を見脱すことは出来ないと思ひます（中略）

貧乏しても、愛のある社会は、実に愉快ですが、金があつても愛の無い社会は、悲しいものです。

（賀川豊彦全集　第23巻）

賀川はイタリアなどを回り、七月二二日に日本に帰ってきました。

(3) YMCA万国会議への招待

一九三一（昭和六）年七月一〇日、村島帰之、小川清澄らと共に賀川は、カナダのトロントで開かれるYMCA万国会議の講師として招聘され、横浜港を出港しました。以前から招待を受けながら、今まで果たせなかったシカゴ大学などの講演も今回の旅の予定に組まれていました。宿舎からモット博士を訪ねると、各大学から来ているうず高く積まれた招待状を賀川に見せて、日程はもういっぱいなのでこれ以上新しい講演の受け入れられないので、断りましたと言われました。もし、これらの招待にすべて応えようとすれば、少なくとも二年はかかるでしょうとのことでした。

二九日の特別講演の演題は「神による青年の冒険」でした。翌日の新聞はトロント始まって以来のセンセーションを巻き起こしたと報道され、アメリカの青年たちはインドのガンジー、日本の賀川と称賛していました。

八月四日にはキリスト教青年会万国会議に出席しましたが、モット博士は短い紹介の中で、ドクター・カガワは博学多識、しかも広範な読書家であるばかりでなく、実践家でもあると激賞しました。シカゴ大学で三回の講演をし、それを済ませてから、オグデン、バークレーに到着しました。

八月三一日の午後、組合教会でアール・レクチャーがありました。アール・レクチャーというのは、毎年篤志家の寄付によって世界的に著名な学者を招き、社会的問題をテーマに講演会を持つというものです。今までにはルーズベルトも講師として選ばれています。賀川はここで九月一日から三日までの三回にわたって「宗教の社会的方面」などについて講演しました。この講演はラジオ中継もされました。聴衆は約二〇〇〇人で、四〇〇〜五〇〇名が会場に入りきれず、帰ったほどでした。

九月四日にはサンフランシスコで、「世界平和の経済的基礎」について講演し、この際も同時にラジオ放送がされました。そこではアメリカの識者に移民問題についての反省を促すなど大胆な所見を述べた結果、センセーションを巻き起こし、快く思わない共産主義者が賀川の伝道を妨害しました。しかしその妨害は逆効果となって、多くの聴衆が押し寄せました。賀川の講演は多くの場所でこうした注目を集めたのでした。

ある司会者は賀川はガンジー以上だとか、キリストに一番近い人と紹介しました。

なぜ、賀川の講演がそんなに爆発的な人気があったのかというと、彼の博識と深い信仰心から出た、何ものをも恐れない平和を求める強い正義感が聴衆を惹きつけていたのです。その人気の高さは日本でも同じでした。

帰途、賀川が学んだプリンストン大学でも講演を行いました。かつて学んだ大学には「賀川教室」として記念の部屋が設けられていました。

約四ヶ月の強硬なプログラムの伝道旅行を無事終え、一一月一二日、村島、小川らと共に横浜に帰り着きました。

（4）全米に友愛の経済を提唱

一九三五（昭和一〇）年二月には、オーストラリア建国一〇〇年の記念伝道の招待を受け、六七日間で一七八回の講演をこなすという強行日程でした。ブリスベーンからニュージランドに行って全土で講演を行い、フィジー経由で帰国しました。

この年の一二月、渡米。四回目のアメリカ伝道旅行でした。この時、トラホームで上陸を阻止さ

アメリカ・アイオワ州での講演

れ、賀川の協力者ヘレン・タッピングがワシントンのルーズベルト大統領に許可を求め、特別の条件をつけた上で上陸を許されるという顛末がありました。アメリカ各地では賀川を危険視し、協同組合について誤解し、反対する者がいた、ということもあります。

テキサスの講演を終えてテネシー州に行くと、メソジスト派の南部諸州の青年大会では約一万人の聴衆を前に講演しました。インディアナポリスでは、全アメリカキリスト教連盟主催の協同組合研究会と全アメリカ協同組合の運動者が一堂に集まっていました。その他、カンザス州ではアメリカ政府が責任者を送ってきました。

今回のアメリカ旅行は、賀川の宗教的協同組合運動に関心を持つ国務省、各州知事、キリスト教諸団体からの招きでした。一九二九年以来のアメリカ合衆国は経済恐慌による疲弊から立ち直るため、アメリカ政府の要求に応じて四七州の協同組合運動を指導するための渡米でした。一九三五年一二月から翌年の七月までの期間、全米各州で五〇〇回にわたって英語で講演をしました。その時の講演テーマは「ブラザー・フッド・エコノミックス（友愛の政治経済）」というものでした。その後、この講演は書籍化されて世界二五か国で出版、欧米各国の人々に大きな影響を与えました。その内容は経済理論であると同時に、世界平和の理論でもありました。

協同組合運動は地域だけでなく、世界平和を守る上にも重要なことであると強調しました。この構想はＥＥＣ（ヨーロッパ経済共同体）の成立に影響を与えたと言われております。当時アメリカの農務省長官であったワレス氏は、アメリカの経済恐慌は協同組合運動なくしては立ち直れないと考え、賀川の考えを強く支持しました。この時、賀川は多い時には一日に三度も講演を行っています。講演には毎回、七〇〇〇人から一万人の聴衆が各会場に集まっていました。

一九三八年一一月、インドに行く途中、上海で日本軍部の行動を謝罪する発言がありました。それは日本軍による南京大虐殺事件から一年後のことです。「日本のキリスト教は弱くて軍部を抑えることができないのです。日本の罪を許してください」との発言が、宣教師からアメリカを通じて日本の憲兵隊の耳に入りました。

それ以前も賀川の言動はしばしば警察から監視されていましたが、二年後の一九四〇年八月二五日、東京の松沢教会の礼拝式が終わると二、三人の憲兵が賀川を外に連れ出しました。賀川とは別に小川清澄牧師も検挙されました。賀川はアメリカから発行されたカレンダーに反戦的な評論を掲載し、また極端な反戦的平和論を全国各地で講演したとして問題にされたのでした。

賀川は拘留先で毎日のように取り調べを受けました。九月一一日、二人は手錠をかけられ、囚人として巣鴨拘置所に送られましたが、拘留一八日後、突然釈放されました。賀川の拘留を知った当時の外務大臣松岡洋右が、司法大臣に「賀川さんをすぐ出せ。もしそれができないのなら、俺が代わりに行く」と釈放を迫り、二人は拘束不要ということで釈放されたのでした。松岡洋右はアメリカにおける賀川の人気が高いことを知って、アメリカに和平交渉に行ってもらいたいと思っていたのです。しかし、賀川はこの事件以来、公的活動が禁止されることになり、賀川の個人雑誌「雲の柱」も一〇月には廃刊することになりました。賀川はその後、瀬戸内海の豊島にこもり、結核患者の保養農園を作ったり、立体農業の実験場を経営するなど、活動を自制せざるを得なくなりました。

翌一九四一年四月には日ソ中立条約が締結されて、日米間の空気が険悪になった頃、日本基督教団はキリスト教平和使節七名と随員二名をアメリカに派遣することになりました。この時、賀川は近衛首相から特命を受け秘密裏にルーズベルトに会って和解工作をする予定で、お土産も用意してワシントンで野村大使にも会いましたが、日本軍の仏印（仏領インドシナ）侵略で会談は中止されました。

こののち、賀川はシカゴ、ボストン、ニューヨークなどで講演活動をして、八月一六日に帰国しました。

（5）「満州国」にキリスト教開拓村

日清・日露戦争に勝利をおさめた日本の若槻首相は一九三一年、民政党大会で満蒙権益について「わが国家の防衛線固めにはいかなる犠牲をも顧みず、敢然と決起しなければならない」と演説しました。一方、関東軍は同年九月一八日柳条湖での爆破事件をきっかけに、中国とは事実上の戦争状態に入り、日本の軍部は政党政治を否定して、全満州を日本の支配下に置くという戦略を立てました。翌一九三二年、関東軍はハルピンを占領して、満蒙を独立国としながらも（実質は関東軍の保護のもとという矛盾した中で）、満州国の建国宣言をし、国主の執政には満州族の溥儀が就任しました。しかし、満州国の実態は国防、治安維持と財政面でも日本国が支え、国家の重要な参議、官吏などの任官もすべて関東軍が握っているというのが実態でした。

一八九七年に帝政ロシアは西欧列国に遅れじとハルピンを起点として大連、旅順に至る鉄道敷設を計画しました。日露戦争の講和により日本は長春から旅順までの鉄道をロシアに割譲させましたが、一九一七年にロシア革命が起こり、さらに一九三二年に満州国が成立すると、ソ連側は満州国に鉄道を売却することになりました。つまり、満州国におけるソ連と日本の関係は均衡状態にあったのです。

一九三六年には満州国行政のトップである満州国国務院総務長官に、日本の星野直樹（元裁判官判事）が就任しました。総務長官というポストは満州の国政全般をつかさどる最高のポストです。一九四〇年五月、武藤富男は賀川を総務長官官邸の星野の所に案内すると、星野は満州建国の歴史的な由来を賀川に説明しました。このことから賀川は満州の国作りに深く関与することになるのです。以下は星野が賀川に語った内容です。


「満州の地は歴史的に見て漢民族専有の地ではない。この地に興ったものは、ウラル・アルタイ民族に属するツングース族の国々、高句麗、渤海、金、遼であった。この地を征服支配した元もまたウラル・アルタイ民族に属するモンゴル族であった。

元を滅ぼして漢民族の国を建てた明は、この地にその政治力を及ぼしたが、明朝の末期、鴨緑江の北、長白山麓に、ツングースたる満州族の英雄愛新覚羅ヌルハチが起ち、その同族をひきいて満州を統一し、山海関を越えて中国本土に入り、これを征服して明朝を滅ぼし、清朝を建てた。愛新覚羅は清の太祖として漢民族に君臨し、その後継者らは、康熙・乾隆の治をもたらして、中国本土を統治した。

清朝の末期、ヨーロッパ列強の中国本土侵略と、政治の衰退とにより、北支の漢民族は生活苦に陥り、農民としての活路を東北の地に求め、山海関を越えて熱河と遼西の地に侵入した。十九世紀のことである。

清朝は建国とともに、満州族を八旗に分かって山海関以東の地を領有させ、漢民族の満州侵入に対して祖宗の地を守った。しかし彼らは漢民族移動の大勢に抗しきれなかった。（中略）蒙古族を、次いで満州族を圧迫するに至った。（後略）」

（『私と満州国』）

アジアの東北に位置する旧満州は、北に大国ロシアとモンゴルを控え、南には朝鮮半島と広大な中国大陸が広がっております。中でも一九世紀のアジアは西欧諸国の草刈り場となっていました。そのため、日本はロシアの南進を恐れて朝鮮半島を植民地としたのです。旧満州の資源は豊富でしたが、政治体制の貧困で地方軍閥と匪賊が横行し、治安は非常に悪く、自らの財産と生命は家族単位や部落単位で守らなければならないという状態でした。そこで、日露戦争で利権を得た日本は、満蒙族を中心とした新しい国家の建設に進みました。しかし満州国建設の指導者は他国から利益だけを吸い取る植民地としてではなく、日本人自らも民衆の中に入り、満、漢、蒙、鮮の民族と共に、新しい五族協和の満州国を作るという方針を立てていました。ところが、満州国の建設に向け描いていたビジョンは、関東軍の力により歪められてゆきます。

この頃、満州国総務長官の星野直樹は五族協和に対して大きな夢を持っていました。つまり植民地としてでなく、利権思想を排除し、全民族の理想国家の建設を思い描いていたのです。星野直樹の建国のビジョンに共鳴した賀川は、星野の語る諸民族の協和と自然と人間再創造の思想を「キリストの贖罪による人間の修繕の原理」に一脈通じるものがあると考えたのでしょう。

日本政府のアジア進出のスローガンに「八紘一宇」という言葉があります。八紘一宇とは全民族の協和と協力による理想国家の建設がその理念なのです。この思想は賀川の協同組合の思想に類似しています。賀川は満州の開拓について次のように述べております。

「我々は五族協和の精神をもって宇宙の創造者を天父と信じ、世界各国の諸民族を神の子と信ずる」

旧約聖書に、イスラエル人がエジプトを脱出してカナンの土地に四〇年の長い年月をかけて移動した壮大な歴史があります。賀川の満州開拓への姿勢は、国境の定まっていない古代の遊牧民たちが生きた時代を連想させます。

当時の満州には広大な未開拓の土地がありました。国土の狭い日本人の目に、満州の大地は異次元に映ったのかもしれません。関東軍と日本政府は広大な土地の満州に日本人の移民を考えていました。一九三二（昭和七）年に政府は帝国議会で「試験移民法」を作りました。満州は独立国であるはずなのに、満州国との連携は不十分なまま、しかも独断的に日本は入植を進めていたのです。その結果、現地住民に不満が広がり、軍部はそれを抑え込むのに必死でした。しかも、現地の厳しい事情を日本国内には知らせることなく、土地は非常に安い値段で買収していたのです。その反省から、両国の利益を考えながら昭和一二年に条約を締結して「満州拓殖公社」が確立し、政府と軍との間に交渉が繰り返され、満州国内に営利を目的としない満州拓殖公社を設立しました。以後この公社を通して現地住民の意見も聞かれるようになりました。

一九四〇（昭和一五）年三月、賀川は満州キリスト教開拓村委員会委員長に選ばれ、開拓の推進に当たることになりました。この時、賀川が現地の用地買収の事情をどこまで知っていたかは定かでありません。当時、満州開拓には、三大国策としての合作社（協同組合）・農産開発五か年計画などを持ってたので、それらの国策の推進には賀川の立体農業や協同組合の思想が非常に役立ったのです。賀川は当時の指導者からの要請を受け入れざるを得ない立場に追い込まれておりました。こうなる前に賀川は満州全土の視察に招待されているのです。

その頃、開拓地を視察した農村委員会の栗原牧師は開拓団や満蒙開拓少年義勇隊たちが、厳しくみじめな状況に置かれていることを見て帰っております。開拓地のひどい状況を知るにつれ、賀川は模範的な満州国移民村を作らなければという思いに傾いたと思われます。当時多くの日本人は、五族協和の満州国建設に過大な夢を描いていたのです。

賀川は理想的なキリスト教村の建設のために様々な方法を考えていました。まずは現地人との融和です。自衛のためといえども開拓地に武器は持ち込ませない。力によるものは力で滅ぶことを賀川は知っていたからです。第二に現地農民たちとの融和です。そのため、キリスト教村は他の開拓地と比べて現地農民との関係が良好であったといわれております。しかし、それらは全体からすれば、小さな善意にしか過ぎなかったかもしれません。

開拓者は入植移民という大義名分で現地入りをしたのですが、現地の農民がそれをどのように受け止めていたかは定かではありません。

日本政府の中国大陸への覇権主義により、五族協和の理想を掲げた満州国建国の理念もおかしくなるのです。五族協和の夢を描いていた当時の指導者は歴史の大きな渦の中で翻弄され重い責任を背負うことになります。さらに開拓者は、日本から送り出されただけで外地に見捨てられたのです。

当時キリスト教開拓団の団長であった堀井順次牧師は、戦後も日中の平和活動に宗教者として格別の尽力をしていたことは私の脳裏から離れません。賀川の「一億総懺悔」という言葉もこのような中から出てきているのです。

(6) 非人道主義への叫び

戦争末期になると、米軍による空襲は激しさを増し、軍事産業のみならず、日本の都市という都市は無差別に焼夷弾で攻撃され、たちまちのうちにほとんどすべての都市は火の海に包まれました。住民が火災を避けて逃げると、敵機はさらに住民を狙って機銃掃射で攻撃してきました。空襲の目的は民家を焼き尽くすだけでなく、住民に多くの打撃を与えることですが、それが戦争です。非道な無差別の攻撃に対し、戦争末期、賀川はアメリカに向け次のような放送をしました。

「ああ、わざわいなるかなアメリカ！　世界の文明は単一なるアングロサクソンの文化によってのみ組み立てうる迷妄を捨てよ！　人間の人体が幾百億の細胞によって組み立てられているごとく、真の文明は共同一致の文明でなければならぬ」

また、敗戦の直前に、賀川は松沢教会で説教をしております。「我々は東洋を守るため、東洋を侵略し、東洋を奴隷化せんとするものに対しては、どこまでもこれを退けねばらぬ。アジア解放のこの事業は非常に深刻な問題である」と。賀川はアジアに対する欧米人の植民地思想と優越感に強い不満を抱いていたのです。賀川は平和主義の立場に立ち、日中の平和工作に尽くしながらも、常に憲兵隊の監視の中に置かれ不自由な活動を余儀なくされ、瀬戸内海の小島に幽閉されることにもなりました。軍部に反対する者は死を覚悟しなければならなかった時代です。

賀川は徳島中学生の時から一貫して反戦平和思想を持っていましたが、このような中で、「ルーズベルトの国家のみが自由を持ち、アジアの民族のみが奴隷にならねばならぬという不思議なる論理に太陽も笑う。アジアを保護国のごとく考えたチャーチルとルーズベルトはついに血をもって太平洋を永遠に赤く染めた血潮の竜巻は起こった」と述べました。

そして、戦争の惨禍が激しくなる頃、賀川は憲兵隊の取り調べを受け、憲兵の強い取り調べの中で、一九四三（昭和一八）年一一月、停戦国の英国にある国際反戦同盟会長のジョージ・ランズベリー宛に脱退の手紙を書いています。これは監視下でやむなく書かされたのではないかと解釈する人もあります。この時、ジョージ・ランズベリーはすでに亡くなっていたのです。このことを知っていて賀川が書いたのかどうかはわかりません。日本国と日本国民を愛していた賀川が、ポツダム宣言をどのような気持ちで受け入れたかについては非常に気になるところです。

八月一五日、天皇陛下によるポツダム宣言受託の放送がされることになりました。そして未だ敗戦の衝撃の冷めない八月一九日、賀川は松沢教会の礼拝説教に立っていました。講壇に立つ賀川の顔は青ざめ、痩せ衰えていたと黒田四郎牧師は述べております。賀川は「日本は滅んでしまった」と言っては泣き、全国が貧民窟化してしまったと言っては嘆いたといわれております。アジアの欧米からの解放を願い、五族協和の思想に共鳴して開拓民を送り込んだ賀川にとっては痛恨の極みだったのです。その時、賀川は「日本歴史上かつてない無条件降伏となったのである。いかにも残念であるが、ただ単にこうしたことのみにとらわれず、陛下の御心を拝し、最高の幻を描く必要がある」と述べて、日本国の運命を嘆いております。賀川は戦争に反対しながらも、日本国民を愛した真の意味での愛国者であったことは否定できません。

それに続けて、本年四月二五日よりサンフランシスコで開かれた世界連邦制度について、「今回の我が国の降伏は残念に思えるが、いつかは世界連邦制度に入らねばならぬのであるからいかにすれば世界に戦いなく、公正な政治が行われるかということを研究する必要がある」と述べておりました。賀川は一九三五（昭和一〇）年頃から、戦争は資源の奪い合いから起こることを見抜いていました。そのためにはすべての国家が相互に援助し合い、協同組合のような形態をとることが必要であるとの構想を持っていました。これが、国際連合、世界連邦の思想へと発展してゆくのです。

（7）マッカーサーに食糧支援を訴える

一九四五（昭和二〇）年八月一五日、日本はポツダム宣言を受け入れ、連合国に無条件降伏しました。マッカーサー元帥が八月三〇日、厚木飛行場に降り立ったその日の朝、賀川は読売報知新聞に「マッカーサー総司令官に寄す」という公開書簡を発表しました。マッカーサー司令官はそれに応える形で、九月二一日に賀川豊彦を招き、日本の占領政策について意見を求めました。会談の最後にマッカーサーから「何か望むことはありませんか」と聞かれました。

「マ元帥閣下、このまま放っておけば、日本に一〇〇〇万人の餓死者が出ます。食糧を送ってください。ついでに、医薬も送ってください」と訴えました。マ元帥は「よくわかりました。私の国の船で、米を運びましょう。薬も届けましょう」と応えました。会見を終えると連合総司令官マッカーサーは、賀川をエレベーターからビルの出口まで見送りました。これは賀川に対する最高の敬意を表したものでした。

戦後日本は食糧難で餓死者を出す寸前でした。ララ物資としてバターや小麦粉、トウモロコシの粉が送られてきたことは、この時代を生きてきた古い世代には記憶に新しいところです。また、ペニシリンによって多くの病人が救われたのも、この会見によるのです。当時のアメリカ人にとって、賀川がいかに尊敬されていたかを証明する逸話です。のちに、マッカーサーは日本の占領政策と賀川について次のように語っています。

マッカーサー總司令官に寄す

賀川豊彦氏の叫び

世界平和の奉仕へ
廣い心と思遣り
新世界への出發にひらけ狹き門

読売新聞　昭和20年8月30日付

「余と日本政府との間には交渉というものはない。天皇も日本政府も余の命令にただ従えばそれでよいのだ。しかし、余の自由にならない人物が日本に一人いる。それはドクター・カガワである。世界中はドクター・カガワを聖者として尊敬しており、余が彼に指一本加えれば、余の占領政策は世界の非難の的になりかねないからだ」

（「クリスチャンジャーナル」賀川とマッカーサー〈田中芳三 No.532〉）

（8）新日本建設運動

賀川がマッカーサーと会談する一ヶ月ほど前の八月二六日に、賀川は東久邇宮首相の要請によって、内閣参与となりました。それは、つい先日まで憲兵隊によって監視され拘留されていた時とは大きな変わりようです。敗戦の結果、日本国民は虚脱状態となり、さらに物資の欠乏は国民の道義を著しく低下させました。この時、東久邇宮首相は日本基督教団の幹部を首相官邸に招いて、次のような道義高揚への協力を申し入れました。

「敗戦に至る経過を振り返ってみますのに、国民一般の道義が著しく敗退したように思います。この目的を達成するために、キリスト教を通じて道義が一層高揚するよう努力されんことをお願いします。そして、道義及び文化の高き平和的新日本への第一歩を踏み出したいと思います」

キリスト教の最高責任者であった富田満牧師らの幹部は、殿下からの依頼を厳粛に受けました。政府の要望はすでに内閣の参与、賀川を通して伝えられていました。その頃、アメリカでは日本の最初の首相は賀川豊彦になるだろうという報道がされていました。

今まで敵国の宗教として弾圧されていたキリスト教の幹部は、公式に政府より依頼されたことに感激しました。賀川は虚脱して方向性を見失った国民に向かって、キリストによる新日本建設運動の一声を青山学院図書館前の広場であげました。いわゆる、キリストによる新日本建設運動（一億総懺悔）の始まりです。

「われら日本国民は、今次大戦に対する責任を痛感する。特に平和の復員を信奉するキリスト教徒、深刻なる反省と懺悔と悔い改めを表白するものである」

更に賀川は昭和二〇年九月二四日、ＮＨＫより次のように放送しています。

「去る八月二十六日、私は東久邇首相宮殿下の御召しを受けて、我国の道義新生運動に努力せよとの御言葉を承り、更に又我が国及び我が国を囲む諸国との間に憎しみを取り去るやうに努力せよとの御命令を受けた。私はその殿下の御言葉をここに新しく諸君にお取次し、日本のあらゆる階級の人々が新しき懺悔をもつて、低く落ちたる道義を恢復し、世界平和の為に努力せんことを祈るものである」

この新日本運動は政府の願いによって始められたものであったからか、徳島県内でも、学校の講堂や徳島市議会の議事堂など公共の施設で講演は行われました。国民の道義高揚という政府のお墨付きがあったからできたのです。したがって講演の内容は、キリスト教精神を土台とした友愛互助の思想を基調としたものでした。賀川は物理学、地質学、生物学、遺伝学の高度の知識に長けていたこともあり、賀川独特の宇宙観を持っていました。世界の民族が争いをやめて、世界平和を願うといった趣旨の講演であったように思います。それは戦争で民族の目標を失い、途方に暮れていた国民への熱い呼びかけでした。会場いっぱいに集まった聴衆は賀川の言葉に真剣に耳を傾けました。結核を患っていた賀川が、黒板の代わりに白い模造紙を壇上に何枚も張って、達筆で次々と書き殴る姿が印象的でした。

徳島県西部の辻高校での講演には、ふだん乗客の少ない田舎の駅前が、一般の聴衆で溢れかえり、警察官が交通整理をするほどであったと記録されています。

（9）世界平和運動

賀川は戦争の始まる一九三五年にはすでに、近代の戦争は資源の奪い合いから起こる帝国主義戦争であるから、そのためにはすべての国家が相互に援助し、共同組合のようなものを作らなければならないと説いていました。

この考えに立ってできたのが、世界連邦制度という構想でした。大量破壊兵器（原爆）の開発によって、戦争の恐ろしさが認識されるようになると、一九四七年八月六日にはモントールにおいて、世界連邦運動の第一回世界大会が開催されました。

日本でも翌年には、尾崎行雄の指導のもとに「日本世界連邦建設同盟」が結成されました。のちに国会議員一〇四名が連盟に加わりました。

一九四九年一〇月、イギリスキリスト教連盟から賀川宛てに正式な招待状が届きました。その頃、民間人が国外に出ることは禁止されていました。賀川はマッカーサー元帥を訪問してその趣旨を伝えると、マッカーサー元帥はその趣旨に賛同し、飛行機の手配まで申し出られました。マッカーサーは賀川に伝えました。

「イギリス人はあなたの話を忠実に聞くでしょう。イギリスが済んだら、アメリカにも行ってください。そして、アメリカに忠告すべきことがあったら忠告してください。日本のためにも、弁解すべきことはしてください」

ノルウェイでの野外講演会

立ったまま講演を聴く人々

イギリスで賀川は「現代の聖フランシスコ」「二〇世紀最大の人物」と呼ばれ迎えられました。一九五〇年一月一日から七月までイギリスと北欧諸国を回り、八月にはカナダのトロントで開かれた世界基督教教育協議大会に出席しました。

その時のヨーロッパの旅行で、第一回世界連邦アジア会議が一九五二年に広島で開かれることが決まりました。場所は平和公園近くの本川小学校です。アジアから八か国、ヨーロッパとアメリカから一四か国三五〇名に日本の代表二六三名が加わって、第二次世界大戦後最大の国際会議が開かれました。一一月三日から四日間開かれたこの会議には世界連邦二代目会長や我が国の衆参議長、外務大臣、文部大臣のほか、アルバート・アインシュタインやバートランド・ラッセルなども参加していました。賀川はこの時に議長を務めました。

人類初の原爆の被害を受けた広島の地で、彼は戦争の悲惨さを世界に訴えました。地上で二度と戦争を起こしてはならないことと、原爆の恐ろしさを見てもらうためでした。戦争の原因は主要な強国の貪欲と搾取によって起こるものです。世界の富の平等な分配と、秩序ある世界経済と、世界連邦によってのみ世界平和は可能であるという考えに立っていました。賀川は今までの植民地主義を批判し、国際連合の働きに期待を寄せていましたが、当時の国際連合は組織のあり方に問題を抱えていました。世界連邦を実現するためには、核兵器の撤廃、軍備の撤廃、人種差別の撤廃、宗教的偏見の撤廃など多くの解決すべき課題を挙げています。最初の段階として、初期キリスト教に存在した、愛と相互扶助とが世界的なものになり、諸国間の絶え間ない争いがないことが第一番に必

世界連邦アジア会議

要なことで、それがなければ空想に終わってしまうかもしれないと述べています。賀川は人類の平和のために闘ったのです。

日本国の憲法はその意味からも世界平和を基調とし、一切の軍備を持たないという思想は賀川の平和主義と同じ立場に立っているのです。平和のために自ら進んで犠牲になるという態度は、聖書の「一粒の麦」の話によるのです。それは世界の国々が互いに助け合える関係になることでした。

彼の健康は衰えつつありましたが、一九五四年には世界連邦世界運動の副会長になっています。一九五六年には再軍備反対大会で日本国憲法の戦争放棄の意義を訴え、また一九五七年の第三回世界連邦アジア会議では、三度目の議長を務めました。

彼が最後に人前に出たのは、一九五八（昭和三三）年八月に東京で開かれた世界平和のためのキリスト者国際会議でした。この会議は日本で開かれた最大規模の国際会議で、開会式には一万二〇〇〇人が集まりました。議長を務めた賀川は開会式の結びの説教で次のように述べました。

「教師である皆さんは、愛の人でなければなりません。神が皆様に託しておられる子供たちを愛し、彼らから学んでください。彼らの熱心さ、すなわち愛に対して即座に愛で応答する彼らの姿勢にならうように学んでください」

賀川はこの時、片山哲前首相と一緒に日本の代表として世界平和国際キリスト者会議を構成する七〇名の代表と会い、核兵器禁止のために労することを決議しています。

一九五九（昭和三四）年一月、友人の忠告を退けて、ひどい風邪に罹っていながらも、「伝道上で死ぬことは、伝道者の栄光です」と言って、郷里の徳島に伝道旅行に出かけ、宇野から高松間の連絡船上で激痛に見舞われます。高松のルカ病院に緊急入院したとの連絡が小松島教会の古角牧師に入りました。私はその時、巨人の最後が近いことを予感していました。賀川は三ヶ月間寝たままの状態でありましたが、少し落ち着いた様子を見計らって、いったんは東京に戻りました。しかし体力は衰えるばかりでした。

翌一九六〇年四月中旬、いったん元気を取り戻したようにも見えましたが、四月二三日には病状が急に悪化し、意識不明になって三時間。死期の近いことを思わせましたが、それから一時間ほどして目を開くと、賀川は、

「教会をお恵み下さい。日本をお救い下さい。世界の平和をお守り下さい」

と祈って息を引き取りました。結核の病床にある時も、二度までも奇跡的な回復を見せながら、これもキリスト教徒にふさわしい最後というべきです。

賀川は死の最後の最後まで、教会と世界の平和のために祈っていたのです。

彼の長年の平和活動に対して、四度のノーベル平和賞候補と二度のノーベル文学賞候補にはなりましたが、受賞することはできませんでした。しかし、青山学院大学礼拝堂で行われた告別式では政府から勲一等瑞宝賞が授与されたことが発表されました。

完

賀川豊彦年譜

一八八八　明治二一（出　生）七月一〇日　賀川純一（四〇歳）と芸者菅生かめ（または萱生）の次男として、神戸市兵庫区島上町で誕生。兄・端一（一四歳）、姉・栄（九歳）

一八九二　明治二五（　四歳）一一月一九日　父・純一死す（四四歳）

一八九三　明治二六（　五歳）一月三日　弟・益慶（四男）誕生　一月一七日　実母かめ死す（享年不詳）　一月　姉・栄と共に徳島の本家に引き取られる

四月　板野郡堀江村第二堀江尋常小学校に入学

一九〇〇　明治三三（一二歳）四月　県立徳島中学校入学、寄宿舎に入る

一九〇一　明治三四（一三歳）胸部疾患の診断、片山塾に下宿

一九〇二　明治三五（一四歳）宣教師C・A・ローガン博士に英語を学ぶ

一九〇三　明治三六（一五歳）四月一一日　賀川家破産。叔父・森六兵衛の家に移る

一九〇四　明治三七（一六歳）二月二一日　H・W・マヤスより洗礼を受ける　一二月九日　朝鮮で兄・端一（三一歳）死す　キリスト教社会主義に共鳴する。トルストイを愛読する

一九〇五　明治三八（一七歳）ラスキンの『胡麻と百合』を翻訳し徳島毎日新聞に発表　三月徳島中学卒業　三月二〇日　森六兵衛家からマヤス家に移る

一九〇六　明治三九（一八歳）
　四月　明治学院高等部神学予科に入学
一九〇七　明治四〇（一九歳）
「世界平和論」を徳島毎日新聞に連載
三月　明治学院高等部終了　七月　豊橋教会に応援伝導に行く
八月　路傍伝道で発熱、喀血し危篤　九月　神戸神学校に転校
一九〇八　明治四一（二〇歳）
九月（上旬）喀血激しく四ヶ月入院
一月二四日　三河の蒲郡で療養、「鳩の真似」の執筆始める
一〇月一六日　蓄膿症手術後出血し危篤状態となる
一九〇九　明治四二（二一歳）
九月　新川で路傍伝道始める　一二月二四日　新川に入り、救霊団の事業を始める
一九一二　明治四五（二四歳）
一一月　義母・ミチを貧民窟へ迎える
一九一三　大正二（二五歳）
五月二七日　芝ハルと結婚
一九一四　大正三（二六歳）
八月二日　プリンストン大学・プリンストン神学校へ入学するため渡航
一九一七　大正六（二九歳）
三月　日本人農夫とモルモン教徒の小作人組合を作り、争議に勝利
五月四日　オグデンを去り横浜に帰国
一九一九　大正八（三一歳）
四月　鈴木文治らと友愛会関西労働連盟を結成　八月　購買組合共益社を設立、理事長となる
一九二〇　大正九（三二歳）
八月　上海に講演旅行　一〇月三日『死線を越えて』改造社より出版

一九二一　大正一〇（三三歳）七月　バートランドラッセル来朝、講演の通訳をする　七月二九日　三菱・川崎造船所争議団一万三千人示威運動、参謀の賀川ほか幹部検挙　一〇月五日　奈良で「イエスの友会」を結成

一九二二　大正一一（三四歳）個人雑誌「雲の柱」発刊　四月九日　神戸ＹＭＣＡで農民組合創立大会

一九二三　大正一二（三五歳）九月　関東大震災被災救援のため、山城丸で横浜に上陸

一九二四　大正一三（三六歳）四月　東京市外松沢村に移転　一一月二六日　全アメリカ大学連盟の招きで渡米し、その後ヨーロッパなどで八ヶ月の旅を経て、翌年七月神戸に帰る

一九二五　大正一四（三七歳）一二月　大阪に農村消費協同組合協会を設立

一九二六　大正一五（三八歳）四月　本所基督教産業青年会に夜間の労働学校を設立　五月　東
昭和元　京学生消費組合を設立　一〇月　家族と共に兵庫県武庫郡瓦木村に移る

一九二七　昭和二（三九歳）二月一一日　自宅で第一回日本農民福音学校を一ヶ月間開く
八月　上海での基督教経済会議に日本代表として出席

一九二八　昭和三（四〇歳）一〇月　全国非戦同盟を作る　一一月　黒田四郎と満州伝道に出発

一九三一　昭和六（四三歳）一月一三日　姉・栄死す　四月　『一粒の麦』映画化　七月一〇日　カナダで開かれる世界ＹＭＣＡ大会に日本代表として招聘

一九三二　昭和七（四四歳）　一一月一二日　帰国、横浜港上陸
一九三五　昭和一〇（四七歳）四月　東京府知事令で映画『一粒の麦』を全東京府の小学校で上映
一二月五日　アメリカ・キリスト連盟の招きでアメリカ復興運動、協同組合運動指導及び欧州の国民保険制度などの視察のため渡米
一九三六　昭和一一（四八歳）六月三〇日　ニューヨーク出帆、ノルウェーへ　七月八日　ノルウェーで開催の世界日曜学校連盟大会で講演、その後、ヨーロッパを巡回　一〇月一二日　帰国、神戸着
一九四〇　昭和一五（五二歳）八月二五日　松沢教会にて、反戦運動嫌疑で渋谷憲兵隊に検束される　九月一三日　小川清澄牧師と共に、巣鴨拘置所から釈放
一〇月「雲の柱」発禁処分を受ける　香川県豊島に隠遁、著述活動に専念
一九四三　昭和一八（五五歳）一一月三日　反戦論的行為で東京憲兵隊本部の取り調べを受け、公的活動が困難となる
一九四五　昭和二〇（五七歳）八月三〇日「マッカーサー総司令官に寄す」を読売報知新聞に発表　九月　厚生省の財団法人国民栄養協会理事長になる　日本協同組合同盟を組織、会長となる
一九四六　昭和二一（五八歳）三月　貴族院議員に勅選される　六月　新日本建設キリスト運動を宣言

一九四七　昭和二二（五九歳）七月　全国農民組合長に推される
一九四九　昭和二四（六一歳）四月　全国厚生文化農業協同組合連合会、生命保険中央委員会委員長となる
一九五〇　昭和二五（六二歳）一月　イギリス伝道開始　四月　西ドイツへ　六月　デンマーク、スウェーデンへ　七月　ノルウェー、ニューヨークへ　八月　カナダの第一三回世界基督教教育協議会で講演
一九五二　昭和二七（六四歳）一一月　広島市で開催の第一回世界連邦アジア会議議長を務める
一九五四　昭和二九（六六歳）二月　世界連邦世界運動副会長に就任　五月　国連未加盟同盟国会議、東京で開催、議長となる　一一月　東京で開催の第二回世界連邦アジア大会議長となる
一九五五　昭和三〇（六七歳）二月　ノーベル平和賞候補者として推薦される　一〇月　日本社会党顧問に選任される
一九五八　昭和三三（七〇歳）八月　世界平和のためのキリスト者国際会議で議長を務める
一九五九　昭和三四（七一歳）一月七日　関西伝導を終え四国へ向かう途中、心筋梗塞に。高松ルカ病院に入院　二月　世界連邦建設同盟総会でノーベル平和賞候補に推薦　三月　東京の自宅に戻り療養　七月　アメリカ教会にノーベル平和賞の推薦運動起こる
一九六〇　昭和三五（七二歳）四月二三日　世田谷区上北沢三丁目の自宅で召天

主な参考書

『賀川豊彦全集』賀川豊彦著　賀川豊彦全集刊行会編　キリスト新聞社
『賀川豊彦伝』横山春一著　キリスト新聞社
『評伝　賀川豊彦』武藤富男著　キリスト新聞社
『青春の賀川豊彦』雨宮栄一著　新教出版社
『貧しい人々と賀川豊彦』雨宮栄一著　新教出版社
『暗い谷間の賀川豊彦』雨宮栄一著　新教出版社
「雲の柱」雲の柱社
『若き日の肖像　わたしの青少年時代』毎日新聞社
「C・A・ローガンとH・W・マイヤース」深田未来生著　キリスト教社会問題研究
『私の賀川豊彦研究』黒田四郎著　キリスト新聞社
『賀川豊彦　愛と社会正義を追い求めた生涯』ロバート・シルジェン著
賀川豊彦記念松沢資料館監訳　新教出版社
『賀川豊彦とボランティア』武内勝口述／村山盛嗣編　神戸新聞総合出版センター
『賀川豊彦』隅谷三喜男著　日本基督教団出版部
『私と満州国』武藤富男著　文藝春秋
『満州建国の夢と現実』国際善隣協会編　謙光社

あとがき

徳島県勤労者福祉ネットワークの久積理事長から、賀川豊彦記念鳴門友愛会に徳島県下の中学生に賀川豊彦の業績を知らせたいというご意向が寄せられ、本書の執筆が始まりました。賀川豊彦はキリスト教の世界的伝道者で、日本における社会活動の先駆者といわれております。スラム救済から始まり、幼児教育、労働運動、ボランティア活動、協同組合から世界連邦に至るまで、数え上げればきりがありません。それだけに、その活動に対する評価も様々でした。したがって、賀川の理念を説明しようとすれば、どうしても難解にならざるを得ません。そこで主な活動の柱を挙げながら、賀川の全体像をできるだけ平易にまとめることに努めましたが、中学生には少し難解ではというご意見を戴き、青少年から一般向けの手引書として本書を出版することにいたしました。

豊かになった現在の日本では、労働組合の必要性を感じない労働者も増えてきました。労働者の権利が保障されていない明治、大正の時代に労働者の生活を守るために、命を懸けて協同組合や組合運動に力を注ぎ、それを勝ち取った賀川の不屈の精神には強く心を惹かれます。

幾度も絶望の底から、不死鳥のように立ち上がり、底辺の人の生活を守り、他者のために自分のすべてを犠牲にした賀川豊彦の精神に触れていただければと思います。

本書執筆に当たり、貴重な写真を提供してくださった賀川豊彦記念　松沢資料館の関係者の方々に感謝申し上げます。

著者プロフィール

三久　忠志（みきゅう　ただし）
1935 年、徳島県生まれ
1957 年、高知大学卒業
徳島県内の公立高校教師を退職後、1999 年より 3 年間、中国の大連外国語学院、沈陽の東北大学などで日本語教育にあたる
2008 年、シニア文学新人賞長編小説部門奨励賞受賞（三久南山『失われた時への旅』）
2004 年、徳島に日中青年交流協会を立ち上げ、中国東北地区の大学で弁論大会を開き、優秀者を毎年日本に招待し、日中交流を図っている

【既刊書】
『失われた時への旅』筆名：三久南山（2010 年　文芸社）
『賀川豊彦伝　貧しい人のために闘った生涯：互助・友愛の社会を実現』（2015 年　教育出版センター）

改訂版　賀川豊彦伝　貧しい人のために闘った生涯

2020年 1 月15日　初版第 1 刷発行
2023年12月15日　初版第 2 刷発行

著　者　三久 忠志
発行者　瓜谷 綱延
発行所　株式会社文芸社
〒160-0022　東京都新宿区新宿 1－10－1
電話　03-5369-3060（代表）
03-5369-2299（販売）

印刷所　株式会社フクイン

ISBN978-4-286-21256-2